CÓMO MANTENER SOBRIO A TU SER QUERIDO

CÓMO MANTENER SOBRIO A TU SER QUERIDO

GUÍA PARA AYUDAR A LAS PERSONAS QUE SUFREN ADICCIONES, SIN PELEAR, SUPLICAR NI AMENAZAR

DR. ROBERT J. MEYERS

DRA. BRENDA L. WOLFE

DIANA

Título original: *Get your Loved One Sober: Alternatives to Nagging, Pleading and Threatening*
Traducción: María Eugenia Mora
Revisión técnica: Enca Alcolea

Diseño de portada: Alejandra Ruiz Esparza

© 2004, Robert J. Meyers y Brenda L. Wolfe
Publicado originalmente en Estados Unidos de América por Hazelden Foundation.
First published in the United States by Hazelden Foundation.
All rights reserved.

Derechos exclusivos en español para América Latina y Estados Unidos.

© 2014, Editorial Planeta Mexicana, S.A. de C.V.
Bajo el sello editorial DIANA M.R.
Avenida Presidente Masarik núm. 111, 2o. piso
Colonia Chapultepec Morales
C.P. 11570, México, D.F.
www.editorialplaneta.com.mx

Primera edición: enero de 2014
ISBN: 978-607-07-1974-5

Nota: Las historias contenidas en este libro están compuestas por diferentes elementos de situaciones reales. Cualquier parecido o semejanza con personas específicas, vivas o muertas, o con eventos determinados, es mera coincidencia.

Impreso en los talleres de Litográfica Ingramex, S.A. de C.V.
Centeno núm. 162-1, colonia Granjas Esmeralda, México, D.F.
Impreso y hecho en México – *Printed and made in Mexico*

Para aquellas personas que me han enseñado y continúan enseñándome acerca del significado de la vida: mi madre, Evelyn Fritzche Meyers; mis hijos, Nicholas Andrew Meyers y Oliver Joseph Meyers, y principalmente mi esposa y compañera, Jane Ellen Smith.
Dr. Bob Meyers

Como de costumbre, dedico mi trabajo a los muchos maestros que me han instruido y que han moldeado mi pensamiento a lo largo de los años, y a mi familia, que es mi auténtica fuente de fortaleza.
Dra. Brenda L. Wolfe

Nota de los autores

El programa que se explica en este libro está basado en el Reforzamiento Comunitario y Entrenamiento Familiar (RCEF),[1] que ha sido evaluado en múltiples pruebas clínicas (véanse las referencias al final de la obra) y se encontró que es una mediación efectiva para la familia y los amigos preocupados por los adictos. Sin embargo, no se ofrece al lector ninguna garantía, explícita o implícita, de que experimentará logros similares a aquellos observados en el trabajo clínico. Este libro no sustituye a la terapia.

[1] Nota del traductor: *Community Reinforcement and Family Training*, CRAFT.

Comentarios sobre
Cómo mantener sobrio a tu ser querido

Con un mapa de caminos, indicaciones y la familia instalada en el asiento del conductor, Cómo mantener sobrio a tu ser querido *es un importante libro para cualquier familia afectada por el abuso del alcohol.*
Dra. Claudia Black, autora del libro
It Will Never Happen to Me
(Eso no me sucederá)

Durante décadas se creyó que no había forma de ayudar a un ser amado adicto sino hasta que tocara fondo, o que, en dado caso, se requerían procedimientos severos y agresivos. Bob Meyers ha desarrollado un extraordinario método, efectivo y amoroso, para que los familiares y las parejas preocupados ayuden a sus seres amados "desmotivados" a entrar en tratamiento. Ya no es inevitable sentirse desvalido y desesperanzado: este libro ofrece consejos claros y prácticos, fundados en sólidas investigaciones científicas.
Dr. William R. Miller, célebre profesor de psicología
y psiquiatría, autor de Motivational Interviewing
(La entrevista motivacional.
Preparar para el cambio de conductas adictivas)

Cómo mantener sobrio a tu ser querido *es un excelente recurso para quienes tratan con seres queridos que se niegan a obtener ayuda profesional para su problema de abuso de sustancias. Años de investigación demuestran que sí funcionan las estrategias descritas en este libro. Lo recomiendo ampliamente.*
Dr. Timothy O'Farrell, jefe del Programa de Familias
y Adicciones del Departamento de Psiquiatría
(Facultad de Medicina de Harvard)

Si sientes que tu vida está fuera de control debido al abuso de sustancias de otra persona, este libro, con estrategias basadas en investigaciones que pueden mejorar infinitamente tanto tu vida como la de tu ser querido, te pondrá en el asiento del conductor. Cómo mantener sobrio a tu ser querido *viene a subsanar un vacío para la gente de a pie —y también para los profesionales— que se siente desvalida y desesperanzada porque convive con alguien que abusa de las sustancias. Escrito de manera clara y atractiva, este libro puede hacer que, de sentirte una víctima pasiva, te conviertas en un empoderado protagonista en el proceso de ayudar a un ser querido para que se recupere de un problema de alcoholismo.*

Anne M. Fletcher, maestra en ciencias, dietista diplomada y colegiada, autora de *Sober for Good: New Solutions for Drinking Problems. Advice from Those Who Have Succeeded* (Cómo dejar el alcohol. Nuevas soluciones al problema del alcoholismo. [Consejos de aquellos que han tenido éxito]), Premio de Periodismo de la Sociedad de Investigación sobre el Alcoholismo (RSA)

Lúcido y claro, este libro ayudará a quienes aman a un adicto para que descubran los pasos prácticos que hay que dar para hacer posible el cambio. Lo recomiendo encarecidamente.

Dr. Thomas Bien, coautor de
Mindful Recovery (Recuperación consciente)
y *Finding the Center Within*
(Encontrar el centro dentro de uno mismo)

Contenido

Agradecimientos

Quiero expresar mi gratitud a los institutos nacionales sobre el Abuso del Alcohol y sobre el Abuso de las Drogas (NIAAA y NIDA, por sus siglas en inglés, respectivamente) por su apoyo y estímulo a todos los proyectos de investigación del RCEF. También quiero agradecer a todo el laborioso y competente equipo del Centro de Alcoholismo, Abuso de Sustancias y Adicciones (CASAA, por sus siglas en inglés), principalmente a Matt O'Nuska, Roberta Chavez y Erica Miller. Quiero agradecer especialmente a mi colega y amigo Bill Miller, sin el cual la investigación del RCEF no hubiera sido posible.

Dr. Bob Meyers

Antes de todo, quiero manifestar mi agradecimiento a todos los pacientes que me han honrado con permitirme entrar en sus vidas y aprender de sus experiencias. En última instancia, luego del aprendizaje libresco y de aprobar los exámenes, el paciente es quien forma al médico clínico. Quiero reconocer a mi coautor, Robert J. Meyers, por su pasión y dedicación a este proyecto. Si hubo un espíritu detrás de un programa es el de Bob Meyers tras el RCEF. Trabajar con él para ofrecer al público este efectivo programa es una gozosa manera de devolver a los pacientes lo que tan generosamente me fue dado.

Dra. Brenda L. Wolfe

¿Puede ayudarte este libro?

Si vives o amas a alguien que bebe o se droga en demasía, este libro puede ayudarte. Te ofrece un programa que ha sido probado para ayudar a la gente cuya vida está afectada por un bebedor problemático, un drogadicto o alguien que afronta ambas situaciones. Si te sientes atrapado en una vida sin esperanza, controlada por las sustancias, este libro puede auxiliarte. Si alguna vez has llamado —o has estado a punto de llamar— a una línea de ayuda, clínica u hospital para decir: "Ayúdenme, mi esposo está bebiendo tanto que va a morir", o "¡Auxilio!, mis hijos pasan fuera toda la noche drogándose y muero de miedo", este libro también puede darte apoyo. Lo encontrarás, asimismo, si el alcohol o las drogas están destruyendo tu matrimonio o atemorizan a tus hijos. Ya seas esposa, esposo, amante, padre, hijo, hija o amigo de un alcohólico o drogadicto, este libro te ofrece las herramientas tanto para ayudarte como para ayudar a tu ser querido a encontrar el camino hacia la sobriedad y mejorar tu propia vida.

A lo largo de esta obra te darás cuenta de que ejemplificamos lo que queremos decir primordialmente con casos de alcohólicos. Sin embargo, el programa ha probado ser efectivo con los seres queridos que abusan de una gran variedad de sustancias, que van desde el alcohol y la mariguana hasta la heroína y el *crack*. Por lo tanto, puedes aplicar de manera efectiva el programa

xvi ROBERT J. MEYERS · BRENDA L. WOLFE

con tu ser querido, independientemente de qué sustancia abuse.

Si has "intentado todo" y nada ha funcionado pero aún no estás dispuesto a rendirte, estás en el momento oportuno. Validado científicamente, el programa en el cual está basado este libro fue diseñado específicamente para las personas que sienten que lo "han intentado todo": han regañado, criticado constantemente, rogado, sobornado, se han distanciado y empleado artimañas impublicables. Tal como tú, aman a sus bebedores lo suficiente como para seguir intentando. Lo que no han hecho (y te enseñaremos a hacer) es utilizar ese amor para cambiar la manera en que interactúan ellos y sus bebedores para que pasen menos tiempo sintiéndose miserables y sus seres queridos descubran el placer de estar sobrios, lo cual, desde nuestra experiencia, es extremadamente bueno. Estamos seguros de que tú también descubrirás que lo es.

Por supuesto, no podemos garantizar una solución a cada problema. Lo que *sí* podemos prometer es que te enseñaremos habilidades para retomar el control de tu vida y ofrecerle a tu bebedor la mejor ayuda disponible. En algunos casos, aplicar estas habilidades no llevará a tu ser querido a la completa abstinencia ni redundará en un "vivieron felices para siempre", pero en la mayoría de los casos sí conformará una mejor vida para ti y en sobriedad para tu bebedor. Lograr el "vivieron felices para siempre" depende de ti y de tu ser querido.

Que conste que en el resto del libro los autores se refieren primordialmente a bebedores en lugar de a bebedores y drogadictos. El material es aplicable de igual forma a ambos grupos, aunque deben tomarse precauciones extras en los casos en los que el estilo de vida del consumidor se centra en la violencia y la actividad criminal.

Una nota de Bob Meyers

Durante los últimos 27 años he dedicado mi vida profesional al estudio y tratamiento del abuso de sustancias. Como has de sospechar, mi interés en esta área proviene de la experiencia personal: crecí en un hogar dominado por el abuso del alcohol. En mi casa era mi padre el que bebía. Hasta donde recuerdo, nuestra vida familiar se desarrollaba en torno de su problema con la bebida y de los esfuerzos de mi madre para que se mantuviera sobrio. Como podrás imaginar, la vida no era nada fácil. Yo veía sufrir a mi mamá; ella gritaba, lo criticaba constantemente, suplicaba y amenazaba, todo en vano. Mi papá siguió bebiendo, y a los 17 años me escapé para enrolarme en el Ejército. Tristemente, cuando mi madre murió, a la temprana edad de 45 años, mi padre aún bebía. Ella nunca logró su ideal de una vida "normal" con él. Por mi parte, siempre sentí que su problema con la bebida contribuyó de alguna manera a su muerte prematura. Mi meta como científico y médico clínico es ayudar a otras familias a evitar el sufrimiento que padeció la mía.

A pesar de que mi madre fue bendecida por el apoyo y el consuelo que encontró en las reuniones de Al-Anon,[2] nunca fue capaz de lograr sus metas más anhe-

---

[2] Al-Anon y Nar-Anon son grupos de autoayuda para amigos y familiares de adictos. Los grupos se basan en el mismo modelo, de los Doce Pasos, en que operan Alcohólicos Anónimos (AA) y Narcóticos Anónimos (NA).

ladas de que mi padre entrara en un tratamiento y se
mantuviera sobrio. Mi trabajo y este libro están dedicados a ella y a los millones de familias que viven tortu-
radas por el abuso de las sustancias.

——

La mayoría de los programas de tratamiento para el
abuso de sustancias están diseñados para el individuo
que ya decidió que es más atractivo estar limpio y sobrio que drogado, y entra en tratamiento para averiguar
cómo lograr esa meta. Si esto fuera cierto, que no lo es,
los índices de éxito de estos programas serían más im-
presionantes de lo que son: tal y como aparecen, la mayoría de los usuarios se niegan a entrar en tratamiento,
y de aquellos que lo hacen, los más lo abandonan después de unas cuantas sesiones. Parte de los motivos es
que la mayoría de la gente que entra en un tratamiento está ahí bajo coerción (una orden judicial o ame-
nazados, por ejemplo, con el divorcio o el abandono)
y no porque vean un beneficio personal en participar.
Al parecer, lo aceptan, pero el que sigan en la negación
acerca de su manera de beber o abusar de las drogas impide que disfruten de una vida más satisfactoria. Por lo
tanto, rápidamente lo abandonan y regresan a su pos-
tura antitratamiento. Lo que ha hecho falta en el campo de los tratamientos son programas que nos enseñen
a quienes amamos a bebedores y adictos a hacer que
estos vean los beneficios del tratamiento, a ayudarlos a
estar *listos* y *dispuestos* al cambio.

No ha habido muchas alternativas para aquellos
individuos que buscan ayuda para un ser querido que

abusa de las sustancias y se resiste al tratamiento. La mayoría de las opciones de tratamiento se enfocan ya sea exclusivamente en apoyar al miembro de la familia preocupado en ayudarse a sí mismo, o a persuadir al adicto para que entre en tratamiento. De hecho, pocos han sido los programas diseñados para enseñar a la familia y los amigos (los llamamos *seres queridos preocupados;* en lo sucesivo, SQP)[3] cómo alentar a sus adictos para someterse a tratamiento. Más aún, hasta ahora no ha habido programas que ayuden a los SQP a cuidarse a sí mismos y los enseñen a convencer al bebedor de entrar en tratamiento.

Los últimos 10 años de mi carrera se han enfocado en desarrollar un programa de tratamiento que ayude a los SQP a mejorar su calidad de vida y enseñarles cómo hacer que un tratamiento sea una opción atractiva para sus adictos. Al trabajar con otros científicos y médicos clínicos especializados, hemos desarrollado un programa multifacético que emplea métodos de apoyo, no de confrontación, para comprometer a los adictos con el tratamiento.

Denominado *Reforzamiento Comunitario y Entrenamiento Familiar* (RCEF, por sus siglas en inglés), el programa que desarrollamos utiliza principios conductistas científicamente validados para que los seres queridos reduzcan el uso de las sustancias y se animen a buscar un tratamiento. De igual manera, asiste a los SQP para reducir su estrés e introducir nuevas y significativas fuentes de satisfacción en sus propias vidas. Los resultados que hemos tenido con los RCEF han sido

---

[3] Nota del traductor: *Concerned Significant Others,* CSO, por sus siglas en inglés.

enormemente satisfactorios. La mayoría de los clientes (los SQP) encuentran nuevas alegrías en sus vidas gracias a los cambios que hacen en ellos mismos, así como por la satisfacción de ver cómo sus seres queridos inician un nuevo camino de sanación.

Permítanme describir brevemente algunas de las investigaciones que apoyan al RCEF como un modelo exitoso para comprometer a los adictos a someterse a tratamiento. En un reciente sondeo financiado por el Instituto Nacional sobre el Abuso del Alcohol y el Alcoholismo (NIAAA, por sus siglas en inglés), 130 familiares decepcionados fueron asignados al azar a uno de tres grupos de tratamiento (Millers, Meyers y Tonigan, 1999). Uno estaba estructurado para simular el tipo de apoyo y guía que los SQP tradicionalmente recibirían al asistir a las reuniones de Al-Anon. Específicamente, alentaba a involucrarse en el programa de los Doce Pasos, enfocado en lograr que el bebedor renuente entrara en un tratamiento formal, junto con la enseñanza a los SQP acerca de los aspectos de negación, desprendimiento con amor y codependencia (Nowinski, 1998). El segundo grupo de tratamiento era del Instituto de Intervención Johnson (Johnson, 1986), el cual preparaba a los SQP para una reunión familiar de confrontación con el bebedor con la esperanza de hacerlo entrar en un tratamiento formal. El tercero era el RCEF, el cual enseñaba a los SQP nuevas estrategias tanto para guiar a los adictos hacia un tratamiento como, al mismo tiempo, para atender sus propias necesidades. Los tres tratamientos se aplicaron de manera personalizada e incluyeron hasta 12 horas de terapia. Los resultados que nos interesaban tenían dos aspectos: obviamente, queríamos ver cuál estrategia lograba un mayor número de seres queridos que aceptaban someterse a tratamiento por su adicción; el otro resultado de interés era el impacto que los tratamientos tenían en la calidad de vida de los SQP.

La gráfica de la Figura 1 muestra el impacto de las tres estrategias de tratamiento en los bebedores, inicialmente en negación, que entraron en tratamiento. Como puedes ver con claridad, RCEF logró aproximadamente entre dos y seis veces el número de seres queridos dispuestos a someterse a programas de tratamiento contra el alcoholismo. Comparado con el índice de éxito de 64% del RCEF, la estrategia del Instituto Johnson solo logró que tres de cada diez bebedores entraran en ese grupo de tratamiento, y la de Al-Anon comprometió únicamente a poco más de uno de cada diez bebedores.

El impacto de las tres estrategias respecto de los propios SQP es igual de interesante. En ese estudio medimos depresión, ira, cohesión familiar, conflictos familiares y felicidad en las relaciones. En todos los casos,

FIGURA 1

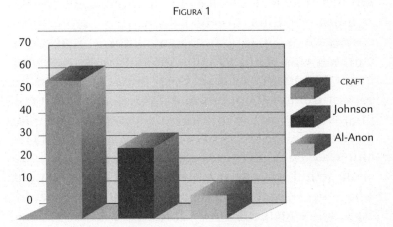

encontramos que entre tres y seis meses después del tratamiento, los SQP reportaron que estaban más felices, menos deprimidos, menos enojados, tenían mayor cohesión familiar y menos conflictos familiares que con tratamientos anteriores (Miller, Meyers y Tonigan, 1999).

En virtud de que las cosas funcionaron muy bien con el grupo de dependientes del alcohol, nuestro siguiente paso fue evaluar el programa con los adictos a las drogas (Meyers *et al.*, 1999). El Instituto Nacional sobre el Abuso de las Drogas (NIDA, por sus siglas en inglés) financió un estudio para determinar si el RCEF tendría posibilidades con ese grupo. Todos los que se ofrecieron para someterse al estudio recibieron tratamiento RCEF.

Durante los 24 meses del estudio, los SQP cuyos seres queridos eran adictos a las drogas y estaban en negación trabajaron a través del programa RCEF. Los resultados fueron aún mejores de lo que se esperaba. De los 62 SQP que participaron, 74% tuvo éxito en comprometer a sus seres queridos a someterse a un tratamiento. Adicionalmente, todos los SQP reportaron reducciones significativas de ira, ansiedad, depresión y síntomas físicos negativos. Sin tomar en cuenta si sus seres queridos entraron en tratamiento, los propios SQP se sintieron mejor. Mientras recuerdo el dolor que vi que mi madre soportó durante todos esos años (eso sin mencionar mis propias angustias), no puedo evitar el deseo de que ella hubiera tenido esta clase de ayuda. Aun si no hubiera tenido éxito en resolver la negación de mi padre, qué maravilloso hubiera sido que al menos hubiera aprendido a hacerse cargo de sus propias necesidades (a pesar de él) lo suficientemente bien como para disfrutar la vida.

En otro estudio, que examinó la resistencia al tratamiento de los adictos a las drogas (Meyers *et al.*, 2002), al azar asignamos a los familiares uno o dos tipos de tratamiento, cada uno de los cuales se ofrecía en la misma clínica y daba 12 horas de tratamiento individualizado. Uno de los tratamientos se basaba en Nar-Anon y Al-Anon y ponía el énfasis en lograr que el adicto aceptara el tratamiento. El segundo grupo recibió terapia de RCEF. Otra vez se presentaron cambios positivos en el funcionamiento psicosocial de los SQP. Los SQP que aprendieron que la estrategia del RCEF fue capaz de comprometer a sus seres queridos para someterse a un tratamiento fue más del doble del índice comparativo de estrategias. En este caso, los SQP que recibieron entrenamiento del RCEF felizmente vieron que 67% de sus adictos entraron en tratamiento, mientras que los grupos de Nar-Anon y Al-Anon solamente comprometieron a 29% de sus seres queridos. Nuestra conclusión, basada en la investigación que he descrito, así como en otros estudios efectuados durante los últimos años, es que el RCEF realmente representa un nuevo y efectivo medio para ayudar a gente como tú a mejorar su calidad de vida, al desarrollar un significativo autocuidado y al ver a sus seres queridos obtener la ayuda que necesitan para una vida más plena.

Al escribir este libro (verano de 2003), cientos de padres, hijos, esposos, esposas, amantes y amigos de los adictos ya han disfrutado mejoras en su vida al utilizar el programa RCEF. Hemos visto algunos cambios positivos increíbles que les han sucedido a muchas personas maravillosas. Por ejemplo, unos padres recientemente acudieron a mi oficina preocupados por su hija de

34 años adicta a la heroína. Después de escuchar su descripción de muchas de las cosas que ella hacía o dejaba de hacer que los atemorizaba, hice una simple pregunta: "¿Alguna vez le dicen algo agradable a su hija?". Al principio se sorprendieron, tal vez un poco ofendidos, pero después de reflexionar se dieron cuenta de que habían gastado tanta energía en los problemas de su hija que habían perdido de vista sus cualidades. Su respuesta a mi pregunta fue: "No". Después de varias sesiones de discutir cuándo y cómo usar la comunicación positiva (véase el Capítulo 9), pudieron comenzar un diálogo constructivo con ella. Ella era muy difícil, pero a la larga accedió a venir a UNA sesión de tratamiento solo para ver de qué se trataba todo ese alboroto. Habíamos hecho arreglos para que la cita fuera lo más pronto, una vez que ella manifestara que estaba lista para venir, y la reunión fue muy exitosa. Al tomar las cosas con calma y conocerla en la situación en que se encontraba (curiosa, pero no comprometida), hablamos del impacto de la heroína en su vida, de su relación con sus padres, y de sus ilusiones y metas. Al final de la sesión, aceptó regresar y explorar si el tratamiento era una buena idea para ella. Sus padres lloraron de felicidad.

Cuando una madre de mediana edad vino por ayuda para obtener tratamiento para su hijo de 18 años que consumía mariguana, lloraba mientras lo describía: un típico adolescente rebelde, terco, desobediente e irrespetuoso. Su madre le había rogado durante años que fuera a terapia, pero él se negaba constantemente. Por lo que a él concernía, no tenía problema alguno, a no ser las constantes críticas de su madre. Después de que esta aprendió a identificar su comportamiento y el impacto que este tenía sobre su hijo (véase el Capítulo 2), las cosas comenzaron a cambiar. Dejó de criticar constantemente, pelear, suplicar y amenazar; sobre todo, cambió la forma en que reaccionaba para, así, reducir al mínimo las fricciones entre ellos. También aprendió cómo "recompensarlo" por las conductas positivas (como no estar drogado) sin confrontación de por medio, con el fin de que su vida sufriera una metamorfosis, de las discusiones y sentimientos hirientes, a una calma relativa y el resurgimiento del respeto mutuo. La mamá descubrió que sus niveles personales de estrés disminuyeron drásticamente: era capaz de dormir bien, dejó de utilizar antiácidos para mantener sosegado su estómago y retomó actividades agradables que había abandonado cuando el comportamiento de su hijo le arrebató toda su energía. Sin embargo, lo más emocionante para la mamá sucedió cuando el joven se presentó en nuestra clínica para recibir ayuda. Al preguntarle por qué se decidió a venir al tratamiento en ese momento, dijo: "Creo que sentía que se lo debía a mi mamá. Ha sido tan buena conmigo que decidí darme una oportunidad". No es necesario decir que su madre estaba mucho más emocionada que nosotros.

El RCEF se ha probado a sí mismo con los SQP de los individuos que abusan del alcohol, la mariguana, la heroína, las anfetaminas y muchas otras sustancias. Por lo tanto, a pesar de que hemos escrito este libro primordialmente para la gente cuya vida ha sido afectada por el alcohol, puedes aplicar los mismos métodos con tus seres queridos que abusan de otras drogas. Sin embargo, si el problema en la vida de tu ser querido son las drogas ilícitas, te recomiendo que busques consejo y apoyo de un terapeuta o de un doctor: estas drogas conllevan problemas legales que el alcohol no implica (para aquellos que tienen la edad legal para beber), y también pueden afectar la vida de alguien mucho más rápidamente que el mismo alcohol. Si tu ser querido es adicto a las drogas ilícitas debes estar especialmente alerta acerca del tema de tu seguridad. Estas sustancias no solo provocan estallidos de violencia que te ponen directamente en peligro, sino que también están asociadas con el submundo de la droga que opera fuera de la ley y a menudo utiliza la violencia física como medio para tener *disciplinados* a sus miembros. Por lo tanto, si tu ser querido está involucrado en ese estilo de vida, tú y tus allegados pueden estar en un grave riesgo de violencia. Más aún, los riesgos no terminan aquí. La parafernalia de la droga que se deja en la casa, o en cualquier lugar donde los niños puedan encontrarla, implica una potencial calamidad para el bienestar de los pequeños, y los artículos que tu ser querido usa con las drogas ilícitas pueden transmitir enfermedades graves, como hepatitis y VIH, entre otras. Por esa razón, el abuso de las drogas de tu ser querido te convierte en blanco de enfermedades. Así pues, mientras trabajas a lo largo de este libro y aplicas las habilidades que aprendas en tu relación con tu ser querido que abusa de las drogas, recuerda que en este caso la seguridad es más difícil de garantizar que en el caso de que tu ser querido consuma solamente alcohol. Aplica los mismos principios, pero debes estar extremadamente alerta ante el peligro y listo para irte si es necesario, o buscar ayuda externa.

Este libro constituye el cúmulo de cuanto he aprendido durante las tres últimas décadas y lo mejor de aquello que la ciencia refiere como lo más útil para la gente cuya vida está consumida por los seres queridos que abusan del alcohol y otras drogas. Echa mano de él de la manera en que te sea más útil. Puedes leerlo y trabajar todo el material por ti mismo, o hacerlo junto con un amigo. Un sacerdote, consejero o psicólogo también pueden ayudarte mientras desarrollas nuevas y más satisfactorias maneras de vivir con tu ser querido que abusa de las drogas o el alcohol. Tú mejor que nadie juzgarás cuál es el método más cómodo para ti. No obstante, independientemente de cómo utilices este libro, ten calma, paciencia, y sobre todo, ponte a salvo.

Te deseo una buena vida.

Bob Meyers

Capítulo I
El programa

El subtítulo de este libro, *Guía para ayudar a las personas que sufren adicciones, sin pelear, suplicar ni amenazar*, se escogió adrede para hacer hincapié en que nuestro programa ofrece una alternativa positiva a las técnicas comunes que la gente utiliza para tratar de lograr que sus seres queridos estén sobrios. Si el tuyo sigue abusando del alcohol u otras drogas a pesar de tus repetidos esfuerzos por hacer que los deje, es momento de probar algo diferente. Es momento de intentar las *Alternativas*.

Conocer las alternativas a criticar constantemente, pelear, suplicar y amenazar es bastante sencillo. No te tomará años de estudio dominar estas herramientas. Solo necesitas abrirte camino a través de este programa y pensar seriamente tanto sobre lo que quieres como acerca de las decisiones que tomas. El que lo hagas de manera rápida y precipitada, o pausada y conscientemente, depende por completo de ti. Al margen de que los conceptos no son complicados, tu vida sí lo es, y los cambios sucederán a ritmos inconstantes, a pesar de tus esfuerzos sistemáticos. Solo ten en mente que si no lo intentas de ninguna manera es muy probable que nada cambie (al menos no para bien). En contraposición, si usas las *Alternativas* hay fuertes posibilidades de que tu vida mejore. Así pues, ¡al ataque!

La alternativa a criticar constantemente, pelear, suplicar y amenazar puede cimentarse en un sencillo

1

método de conducta que tiene dos metas: 1) mejorar tu calidad de vida, y 2) hacer que para tu ser querido la sobriedad sea más atractiva que la bebida, y un procedimiento fundamental: algo que llamamos *mapeo de conducta*. Es una manera de darse cuenta de cómo tú y tu bebedor se afectan uno al otro y cómo ese modelo puede modificarse para obtener diversos resultados. Por ejemplo, Ruth se alteraba porque todos los días Paul abría una cerveza tan pronto como llegaba a casa del trabajo. De hecho, se alteraba tanto que diario se quejaba amargamente acerca de eso y entonces ambos peleaban. Después de hacer un mapeo del escenario típico en el momento en que él llegaba de trabajar, Ruth cayó en la cuenta de que sus quejas hacían más probable que Paul bebiera: él utilizaba esos alegatos como una excusa para justificar su "necesidad" de un relajante trago. Sus críticas constantes también le daban una razón para "castigarla"… bebiendo. Valiéndote de dichas *Alternativas* aprenderás cómo Ruth logró cambiar su reacción hacia la cerveza que tomaba Paul después de la jornada. Aún más: con ello, a la larga hizo que él disfrutara más no tomarse la cerveza que hacerlo. Fin de la cerveza. Fin de las quejas. Fin de las discusiones y los castigos. Inicio de una mejor calidad de vida para Ruth, y para Paul un giro hacia la sobriedad.

¿Verdad que suena fácil? Bueno, es fácil y difícil al mismo tiempo. Las técnicas no son difíciles de aprender. Sin embargo, lo que puede ser complicado es aplicarlas a tu vida actual. La manera en que tú y tu ser querido interactúan es una rutina bien ensayada, resultado de tu estilo natural, de su estilo natural, del efecto del alcohol sobre el cerebro y la conducta de tu ser querido, y de la interacción de todo lo anterior. Si piensas en los cambios que quieres lograr como si se tratara de un viaje, puedes establecer un paralelismo entre las simples líneas de un mapa y las técnicas que aprenderás, y luego hacer una equivalencia entre los caminos reales por los que transitas y el entorno vital en el que las pones en práctica. Los caminos del mundo real, a diferencia de sus ordenadas contrapartes en un mapa, tienen baches, desviaciones y embotellamientos. Tu vida comprende costumbres inquebrantables, crisis inesperadas y desilusiones simples y llanas que necesitas superar. Sin embargo, así como no renunciarías a un viaje anhelado simplemente porque algunos de los caminos están llenos de baches, tampoco renunciarías a cambiar tu vida con tu bebedor solo porque no siempre es fácil. El cambio casi nunca lo es, pero siempre vale la pena esforzarse en él para mejorar. Después de meses y años de criticar constantemente, pelear, suplicar y amenazar a tu ser querido, estás listo para un cambio.

Una mirada hacia adelante

Como ya hemos dicho, en este programa hay dos objetivos elementales. Uno es mejorar tu calidad de vida. Eso significa no solo que tu ser querido deje de abusar del alcohol sino, lo más importante, que devuelvas el equilibrio a tu propia vida *sin importar si él alguna vez dejará de beber*. Ciertamente, ya es momento de que tu calidad de vida dependa menos de si tu ser querido está borracho o sobrio, de buen humor o de malas, en casa o fuera. Para este fin, te ayudaremos a crear un plan de protección para garantizar que, sin importar el humor de tu bebedor, tú y los que dependen de ti no se conviertan en víctimas de la violencia (hablaremos sobre esto en el Capítulo 3). En un tono más alegre, el Capítulo 4 te ofrece un vistazo a ese futuro que vas a moldear. En otras palabras, mientras te abres camino a lo largo de ese capítulo, descubrirás cómo quieres que se vea tu vida y comenzarás a convertir esos ideales en metas alcanzables. El Capítulo 5 se centra en la culpa que estorba en tanto caminas hacia la mejoría y te ayuda a sentirte bien respecto de ubicarte, finalmente, en el asiento del conductor. Por supuesto, parte de mejorar significa reconstruir tu vida emocional y social. El Capítulo 6 te enseña cómo.

Lo creas o no, el que mejores tu calidad de vida *independientemente* del comportamiento de tu ser querido también contribuye al objetivo de acercarlo hacia la sobriedad. Conforme disminuya tu nivel de estrés podrás tratar a tu bebedor de una manera más tranquila, menos reactiva, y tus relaciones mejorarán. A su vez, esto te ayudará a motivar a tu bebedor hacia la sobriedad.

Desafortunadamente, tu nueva actitud, aunque es indispensable, no es suficiente para lograr esta segunda meta. Por ello, también te damos una caja de herramientas con las tácticas que constituyen alternativas efectivas a criticar constantemente, pelear, suplicar y amenazar. Para empezar, el mapa de conducta que mencionamos antes constituye el fundamento de casi todas las estrategias. En consecuencia, un capítulo entero está dedicado a enseñarte cómo usar esta importante técnica. El Capítulo 2 explicará el mapa de conducta y te enseñará, con muchos ejemplos, cómo usarlo en tus propias situaciones, adiestrándote hasta que puedas mapear tus interacciones y estés seguro de haber captado qué es lo que desencadena tus problemas. El combinar este saber con las demás tácticas que aprenderás te empoderará de tal forma como nunca lo hicieron criticar constantemente, pelear, suplicar y amenazar. Al proceder con estas otras tácticas, encontrarás capítulos dedicados a desactivar tus conductas permisivas (Capítulo 7), así como útiles estrategias para solucionar problemas de comunicación (Capítulos 8 y 9). "Comportamientos básicos" (Capítulo 10) te preparará con las herramientas esenciales del cambio de conducta para que logres modificar tu comportamiento y el de tu bebedor más fácilmente. (En caso de que te estremezcas ante la sola idea de "modificar" a alguien, cálmate. La sección titulada "Un nuevo punto de vista sobre el control", más adelante en este capítulo, te explicará qué significa realmente esto. ¡No te estamos empujando a nada tan diabólico como el control mental!)

El Capítulo 11 está dedicado exclusivamente a ayudarte a seleccionar y apoyar la mejor estrategia de tratamiento para tu ser querido. Existe la posibilidad de que ya hayas seguido el camino del tratamiento, comentándole a tu bebedor que le ayudaría, rogándole que lo considerara, incluso obteniendo su conformidad respecto de intentarlo, solo para que tu bebedor faltara a la cita o desertara tras una o dos visitas. De hecho, la triste realidad es que la mayoría de los bebedores que entran en tratamiento rara vez permanecen en este más de una o dos sesiones. Sin embargo, los individuos cuyas parejas, padres, hijos y seres queridos han aprendido las *Alternativas* permanecen en tratamiento seis o siete veces más que otros bebedores (Ellis, Price, McCan y Sewell, 1992). Atribuimos esto al hecho de que nuestros clientes[4] aprenden *cómo sugerir* y *cómo apoyar* el tratamiento. Es más efectivo comprometer a alguien con el tratamiento que hacerlo sentir culpable o estar irritándolo (como bien lo sabes). Te enseñaremos cómo. También aprenderás qué hacer para que permanecer en el tratamiento sea lo más atractivo posible para tu ser querido.

Finalmente, el Capítulo 12 se dedica a cuestiones importantes para prevenir las recaídas y qué llega a ocurrir tras de haber hecho cuanto has podido. Mientras haces este recorrido de cambios experimentarás éxitos y afrontarás obstáculos, algunos pequeños, otros no tanto. Sin embargo, una de las ventajas principales de la estrategia de las *Alternativas* es que te prepara para superar los obstáculos, baches, desviaciones: todo lo que se presente en tu camino. Por lo tanto, las dificultades se convierten en oportunidades para que obtengas el control sobre tu vida. Al final, ya sea que tu bebedor logre o no permanecer sobrio, tu viaje con nosotros te dará las habilidades y herramientas para mejorar tu propia calidad de vida. Así pues, en el más optimista de los escenarios, ustedes dos obtendrán juntos la tranquilidad, y en el más pesimista, habrás hecho todo lo posible y serás capaz de continuar y hacerte cargo de tu propia vida. En cualesquiera de los casos, tu futuro se ve más prometedor.

---

[4] Nota del traductor: A lo largo del libro el término *cliente* engloba tanto al bebedor como a los seres queridos preocupados en tratamiento.

Acerca del cambio

Al leer este libro ten en mente una realidad importante. El cambio no es algo que simplemente ocurra. Es un proceso, un lento proceso. No importa qué conducta quieras cambiar: el hábito de comerte las uñas o de comer de más, o la manera en que te relacionas con alguien, no se logra a saltos precipitados. Conseguir un cambio no es diferente a hacer un largo viaje en automóvil. Puedes decidir el lunes por la mañana manejar de costa a costa, pero esta decisión tomará tiempo: necesitas hacer la maleta, averiguar qué caminos seguir, etcétera.

Es más, una vez que comiences a manejar, encontrarás que algunos caminos que habías planeado tomar están cerrados o en malas condiciones. Entonces tendrás que descubrir desviaciones, soportar los baches y ajustar tus planes sobre la marcha. También encontrarás que si cada día manejas periodos más cortos en lugar de hacerlo durante periodos prolongados, el recorrido será más disfrutable y te sentirás más descansado y con mayor control. Lo mismo sucede con tu recorrido hacia el cambio.

Las mejoras que buscas tomarán tiempo y se harán realidad mediante pequeños pasos cuidadosamente planeados. Tomando en cuenta cuánto tiempo ya has vivido con tu bebedor en las presentes circunstancias, puedes aguantar un poco más mientras llevas a cabo cambios pequeños y controlados. En lugar de flagelarte con este libro y hacer una kilométrica lista de las cosas que hay que "arreglar", trabaja en las *Alternativas* con el plan de hacer un cambio pequeño a la vez. Cuando cada uno de estos comience a sentirse natural, regresa y agrega otros más. ¡El aprendizaje que adquieras aquí será tuyo para siempre; así pues, no necesitas obtenerlo apresuradamente! Tómate tu tiempo, ve despacio y disfruta saber que estás en un recorrido para mejorar tu vida.

Ten en cuenta la travesía completa en tanto avanzas. Si hay contratiempos, recuérdate a ti mismo que ningún viaje largo está exento de inconvenientes. Así como una desviación en la autopista no te llevará a tu destino, no te des por perdido respecto de tu bebedor solo porque uno, dos o más intentos de cambio se estrellan contra la pared. Cada vez que intentes una nueva táctica y no funcione, siéntate y piensa con detalle en qué fue lo que sucedió. Revisa tu plan original así como lo que hiciste; hazte una idea clara de cómo reaccionó tu bebedor y piensa en cómo puedes mejorar tu estrategia. Emplea las mismas habilidades para resolver problemas que usarías si la carretera que elegiste tuviera una desviación y necesitaras tomar una vía alterna hacia tu destino. Estas desviaciones quizá sean un fastidio pero son parte normal de un viaje. Anticípalas y las dominarás.

Un nuevo punto de vista sobre el control

Solo tú sabes cuánta sangre, sudor y lágrimas has invertido en esta relación. Sin embargo, no dudamos en apostar que ya has tratado repetidamente de lograr que tu ser querido cambie. La experiencia muestra que cuando la gente ama a alguien le da el beneficio de la duda una y otra vez. Sigue haciendo la lucha con la esperanza de que la persona finalmente "abra los ojos" y cambie. Esta sería una gran estrategia, excepto por un problema. La mayoría de la gente usa las *mismas* tácticas una y otra vez. Lo triste es que si hacen esto no es porque funcione sino porque es la única manera que conocen. Si piensas en ello verás que no tiene sentido. De hecho, tiene el mismo efecto que si te estacionaras en aquella desviación con la que te topaste en la carretera y pisaras el acelerador de tu coche con el freno puesto frente a la señal de "camino cerrado" esperando que el ruido forzara al letrero a dejarte pasar. Sería mucho más provechoso si sacaras un mapa y buscaras una ruta alterna hacia tu destino.

Ábrete a nuevas formas de interactuar con tu ser querido y ten el valor de tomar el control de tu situación. En lugar de darte frentazos continuamente contra las mismas viejas paredes, acompáñanos y aprende a controlar tus reacciones hacia tu ser querido, y a través de ellas proyectar un cambio en su comportamiento.

No estamos hablando de *control* en el desagradable sentido de hacer trampa o forzar a alguien a que cumpla tus órdenes, lo cual difícilmente logrará una relación satisfactoria. En lugar de ello, el control que enseñamos es aquel que ya tienes pero que no utilizas de manera apropiada. Cuando tú y tu ser querido empiezan una discusión, cada uno desencadena el enojoso comportamiento del otro. Por ejemplo, digamos que tu bebedor llega tarde a cenar (¡otra vez!) porque en el camino a casa se detuvo a tomar unas copas en el bar. Está un poco borracho, pero de buen humor. Tú, por otro lado, estás furiosa, y en el momento en que cruza la puerta le haces saber que es un cabrón desconsiderado. De inmediato su humor se agria, va a la vitrina de las bebidas y procede a embriagarse. Tú avientas la cena en la mesa y pasas el resto de la noche ignorándolo y regañándolo alternadamente. Podría caber la ilusión de que esto "funcione", excepto por el hecho de que ustedes dos han repetido esta escena docenas de veces, y por supuesto nada ha cambiado.

Ahora considera cómo hubiera transcurrido la noche si lo hubieras saludado con un "Cariño, no me siento del todo bien cuando llegas tarde a la casa y *entonado.* Aunque disfruto estar contigo la mayor parte del tiempo, en realidad no lo hago cuando bebes. Ya cené e hice planes para ir al cine con mi hermana. Nos vemos al rato". Mientras imaginas ambas escenas (la vivida y la que te planteamos) piensa en las implicaciones de cada una. En la vivida, todos tienen una pésima noche y, lo más grave, tu ser querido recibe un claro mensaje de que aunque llegue tarde y tomado no le falta su cena y te tiene cerca toda la noche. Aunque ambos estén peleando siguen juntos. En el ejemplo que te planteamos, no le das una excusa para que se lance sobre la vitrina de las bebidas, evitas toda la penuria de una larga discusión, él tiene que arreglárselas para preparar su cena y pasa la noche completamente a solas. *Al cambiar la forma en la que reaccionas hacia él, todo cambia.* Por supuesto, esta sola interacción no hará que deje la bebida y comience una nueva vida. Pero repetidos cambios como este le darán empujones hasta que se dé cuenta de que cada vez tiene menos recompensas al estar ebrio que al estar sobrio. Al cambiar tu comportamiento, cambias el comportamiento de tu bebedor.

Esta es la clase de control a la que nos referimos. Puedes aprender a manejar tus comportamientos (modelos de interacción) para cambiar tus modelos de conducta. Pero requieres valor, trabajo y paciencia. Valor para reconocer tus modelos existentes, trabajo para cambiar tu comportamiento y paciencia para mantenerte hasta que tu ser querido reaccione favorablemente o hasta que estés satisfecho por haber hecho todo cuanto te era posible.

Una probada de lo que viene

A pesar de que todavía hay mucho por compartir contigo, imaginamos que estás ansioso por comenzar. Aquí hay una actividad de calentamiento. En una hoja de papel en blanco describe la última discusión acerca del alcohol o las drogas que hayan tenido tú y tu ser querido. ¿Qué hizo o dijo? ¿Qué hiciste o dijiste tú? ¿Quién dijo qué en primer lugar, enseguida, y así sucesivamente? Redáctalo como si estuvieras escribiendo el guion de una película. Trata de reproducir todos los matices. Entonces regresa al escenario que describimos antes (bebedor que llega tarde a cenar, esposa enojada, discusión posterior). Nota que la esposa no bebedora puede modificar el curso de la discusión al cambiar su respuesta ante la situación. Específicamente, la esposa descartó el ataque, y en su lugar le dijo al bebedor lo que sentía a causa de su comportamiento. La esposa también se aseguró de que el bebedor supiera que lo amaba, no así su conducta al beber.

Ahora busca en tu escenario los momentos de la discusión donde puedes ejercer el control. Pregúntate si estás atizando el fuego de la discusión o, quizá, reforzando la conducta que te hizo enojar. Describe una

respuesta más controlada (más suave) para ti mismo
que dificulte a tu ser amado seguir con la discusión.
Recuerda: comienza con tus sentimientos, muestra entendimiento y amor y sé claro respecto de las circunstancias bajo las cuales estarías dispuesto a estar con él
o discutir el problema. Ensaya mentalmente este nuevo guion tanto como puedas. Cuando se presente una
nueva situación parecida estarás mejor preparado para
evitar el enfrentamiento.

Si tienes problemas para encontrar alternativas a tu
rutina, no te preocupes. Cuando termines este programa serás un profesional.

Principios básicos del programa

Este programa te ayuda a hacerte cargo de tu parte en la
relación. No te carga la responsabilidad de tu bebedor.
Las *Alternativas* se basan en años de investigación científica y han probado ser sumamente efectivas para muchas, muchas personas en tu situación. La abrumadora
mayoría de los seres queridos de nuestros clientes que
abusan de las sustancias entra en tratamiento y perma-
nece entre seis y siete veces más que otros adictos. Es
más, la gente que utiliza las *Alternativas* nos dice que
les dan una sensación de esperanza y entendimiento,
así como la certidumbre de que tienen la oportunidad
de realizarlas. Pueden ayudarte a mejorar tu calidad de
vida, tu relación y la vida de tu ser querido.

Las *Alternativas* se basan en el hecho de que los miembros de la familia y otras personas importantes para los
bebedores son quienes más influyen en los problemas

de su vida. Sea positiva o negativa, la reacción de un bebedor es más fuerte hacia aquellos seres más próximos. Como una de esas personas, tú estás en posición de orientar en un sentido positivo esas reacciones. Puedes tener un tremendo impacto positivo en tu ser querido. (Imagínate como el pasajero y también como el conductor: tienes el mapa que muestra cuáles son los caminos transitables *y* tienes el control del volante).

Vivir con alguien durante muchos años te da una perspectiva de sus hábitos que pocas personas poseen. De hecho, puedes conocer a tu bebedor tan bien o mejor de lo que se conoce él mismo. Por estar motivado y dispuesto a trabajar por lo que quieres, puedes hacer cambios significativos. La combinación de tu conocimiento y tu determinación es lo que te ubica con firmeza en el asiento del conductor. Apoyaremos tus esfuerzos al ofrecerte *Alternativas* a cualquier estrategia que te haya fallado antes. Como, obviamente, en la vida no hay garantías, confiamos en que aprenderás un estilo más efectivo de relacionarte con tu ser querido, un estilo que mejorará tu calidad de vida y acrecentará las posibilidades de que tu bebedor vea la sobriedad desde una nueva perspectiva.

Qué puedes esperar

A diferencia de otras estrategias, *no* te alentamos a que te desprendas de la persona que quieres. Al contrario, tratamos, de todas las formas posibles, de ayudarte para que tu relación funcione. Hacemos hincapié en la educación, el empoderamiento y la esperanza. Aprenderás a hacerte cargo de tu vida y a desarrollar una mejor relación con tu ser querido. Junto con ello también aprenderás, sin embargo, cómo asegurar una mejor calidad de vida para ti mismo aunque, al final, tu bebedor decida permanecer ebrio. En ese momento ya habrás hecho todo lo posible para ayudarlo y estarás listo para liberarte con la conciencia tranquila.

La gente que adopta las *Alternativas* experimenta diversos resultados. Algunos, sin duda, llegan al punto donde saben que desprenderse es la única manera de avanzar. Sin embargo, la mayoría encuentra que aplicar sistemáticamente las *Alternativas* conduce a salidas más positivas. No es inusual que el camino lleve hacia el tratamiento para el bebedor, y que la terapia de pareja o familiar ayude a solucionar las discrepancias en la relación. También hemos visto a mucha gente hacer cambios positivos en sus trabajos y vida social, y aquí nos referimos tanto a los bebedores como a quienes los aman. Nos enfocamos en una visión más general y *no solo* en aquellos comportamientos relacionados con la bebida; aprendes a incrementar los placeres en tu vida y a cuidar de ti mismo. Como resultado, son posibles los cambios en todas las áreas de tu existencia. Depende de los cambios que quieras y en qué medida estás dispuesto a trabajar. Tal y como Dorothy tuvo todo el tiempo los medios para regresar a casa de Oz (¿recuerdas las zapatillas rojas?), tú también tienes ya el poder de cambiar. Ahora aprenderás cómo controlar ese poder y hacer que ocurra el cambio.

Al final de la jornada te verás a ti mismo de manera diferente. En tu relación no serás más ni la víctima ni el culpable. Habrás tomado el control de tu vida y realizado cambios positivos, y estarás en posición de decidir razonadamente a dónde quieres ir a partir de ahí.

Clarisse, cuya historia se presenta a continuación, conoció las *Alternativas* y decidió que quería que su matrimonio funcionara. A pesar de que no faltaban quienes consideraban que la situación era intolerable, ella hizo cambios, pequeños y cuidadosamente planeados, y convirtió una pesadilla en una relación con porvenir.

Clarisse y Manuel

Para el momento en que Clarisse llegó al programa para aprender las *Alternativas* había permanecido en una relación abusiva durante más de 13 años. Su esposo, Manuel, ganó mucho dinero y ella se hizo cargo de los hijos y de la casa. En opinión de los demás era un hogar feliz. Sin embargo, Manuel se emborrachaba casi todas las noches y agredía verbalmente a Clarisse y a los niños. Esperaba que ella satisficiera sus deseos sexuales sin importar sus sentimientos, y cuando se resistía materialmente la forzaba a tener sexo con él.

A ella le tomó unos cuantos meses hacer acopio del valor necesario para decirle a su marido que estaba en terapia. Se lo dijo, finalmente, después de que él comentara que últimamente parecía "menos cabroncita". A él no le gustó la idea de que ella hablara con un extraño acerca de su vida, pero "la dejó ir" y no interfirió. Clarisse continuó con las sesiones y aplicó las técnicas del programa. Tras algunos meses, Manuel sintió curiosidad por el programa y estaba dispuesto a conocer a su terapeuta. Fue un primer encuentro muy tormentoso, pero a la larga entró con ella en terapia matrimonial.

Más de un año después de que Clarisse aprendiera las *Alternativas*, ella y Manuel seguían en terapia matrimonial. Él dejó de beber y trabajaba en su relación con ella y con los niños. Ella tomaba clases en la universidad local y se sentía extremadamente orgullosa de sus logros. Clarisse dejó claro que nunca más soportaría una relación que no satisficiera sus necesidades y las de sus hijos. A pesar de que tomó más tiempo del habitual el que Clarisse y Manuel comenzaran a hacer cambios positivos, su historia ilustra cómo incluso las situaciones que parecen intolerables se pueden superar con trabajo, valor y paciencia.

Cientos de padres también han descubierto que poner en práctica las *Alternativas* en lugar de criticar constantemente, pelear, suplicar y amenazar ha impactado de manera profunda sus habilidades para guiar a sus hijos adolescentes hacia direcciones positivas. Rita y Jorge llegaron a nosotros terriblemente preocupados por su hijo de 16 años, Manny, sobre quien tenían buenas razones para creer que estaba fumando mariguana y tal vez yendo hacia un camino que, sabían, no traería nada bueno.

Rita, Jorge y Manny

Rita y Jorge estaban muy preocupados por la creciente propensión de Manny a estar fuera después de la hora permitida y dormir como un tronco cuando timbraba su alarma los días de escuela. Preocupada, Rita registró el cuarto de Manny y, en efecto, descubrió una pipa para mariguana y unas semillas sospechosas en el cajón de su vestidor. En lugar de estallar contra él (su primera reacción), antes ella y Jorge pensaron detenidamente en todas las cualidades y comportamientos de Manny de los que estaban orgullosos. Comprendieron que si iban a pedirle cambios, también debían ser capaces de hacerle saber lo que tenía de maravilloso. Entonces identificaron aquellas actividades y privilegios que le eran gratificantes. Manny adoraba en especial usar el auto de la familia para pasear con su novia. Además, ella era una adorable joven con quien Rita discutió el problema y quien le dijo no solo que le desagradaba que Manny utilizara drogas sino también que ya le había rogado que dejara de hacerlo. Juntas acordaron que la novia restringiría su contacto con Manny a los momentos en que estuviera limpio. Si se presentaba en su casa y parecía, aunque fuera ligeramente, drogado, le diría que en realidad disfrutaba su compañía cuando estaba limpio y que regresara después. Por su parte, los padres de Manny le explicaron con claridad sus expectativas respecto de la hora de volver a casa y el uso de las drogas, y le prometieron que, si respetaba la hora límite de llegada, tiraba todos los utensilios relacionados con las drogas y mostraba la orina "limpia" cada viernes, se le permitiría usar el auto los sábados por la noche. Al principio Manny estaba molesto con la situación, pero sus padres y su novia siguieron con el plan, y al final entendió que la vida era mucho más divertida si condescendía. Mientras su comportamiento mejoraba y sus padres tenían mayores posibilidades de apoyarlo, sus conversaciones se volvieron más placenteras y fructíferas.

Estructura del libro

Uno de los aspectos más difíciles al escribir este libro ha sido recoger el proceso dinámico e interactivo que

se da durante la terapia y plasmarlo en el papel liso
y mudo. Debatimos larga y acaloradamente respecto
de la mejor manera de hacerlo. ¿Debíamos presentar
esto en una secuencia 1, 2, 3 y guiarte en todo en el
típico orden de un lector promedio? ¿O exponer todo
sin una secuencia en particular y decirte que tomaras
lo que te pareciera atractivo, como si estuvieras esco-
giendo bocadillos de una charola? Ninguna de estas
propuestas nos satisfacía. Desechamos la estrategia 1,
2, 3 porque sabemos que no eres un lector promedio
que necesita la secuencia típica. Tú eres único. Aportas
a esta labor tu personalidad junto con tus gustos y preferencias, habilidades y talentos personales. Si a esto
agregas la individualidad de tu ser querido, lo "típico"
queda fuera del panorama. Eso nos dejaba con la opción de ofrecerte una mezcla de consejos y técnicas sin
ninguna instrucción clara de cuándo hacer qué. Esto,
si bien era un poco más atractivo, nos planteaba un
problema: si ya contabas con grandes habilidades para
organizar las estrategias con el fin de crear alternativas a
criticar constantemente, pelear, suplicar y amenazar, no
estarías leyendo este libro. Por lo tanto, sentimos que
te debíamos más que una charola de bocadillos.

Para presentar las *Alternativas* de la mejor manera
establecimos una combinación del 1, 2, 3 con una
gran variedad de estrategias. Así pues, los tres primeros
capítulos contienen los componentes esenciales que
todo el mundo debe entender antes de intentar hacer
un auténtico progreso. Los capítulos restantes proveen
todas las habilidades y el conocimiento para los cuales la secuencia es menos crítica. Mientras determinas
cuál es tu siguiente paso, puedes aplicar el material del

capítulo, o capítulos, que sea más relevante en ese momento. Sin embargo, sí te recomendamos firmemente que leas todo antes de que comiences a elegir con cuidado qué practicar. A veces el título de un capítulo o el encabezado de una sección pueden hacerte creer que ya sabes de qué se trata o que no necesitas ese material, cuando, de hecho, el capítulo entero o el apartado ofrecen un nuevo giro respecto de un viejo tema: un giro que puede ayudar para hacer fluido tu camino. Así pues, tómate el tiempo para asegurarte de que empacaste todo lo necesario, de que tus mapas están actualizados y de que el auto tiene lleno el tanque de gasolina. No omitas nada.

La decisión más fácil respecto de la estructura del libro fue incluir ejemplos tomados de personas reales con las que hemos trabajado. Parafraseando un viejo dicho, creemos que una vívida descripción vale más que miles de instrucciones. En otras palabras, en cada capítulo ilustramos las técnicas con ejemplos de cómo las han utilizado otras personas. Esto puede ayudarte a ver las muchas maneras en que puedes incorporar las *Alternativas* a tu vida.

También hay, diseminadas a lo largo de cada uno de los capítulos restantes, actividades que puedes realizar. En cada actividad, para ayudarte a perfeccionar tus habilidades, te mostraremos cómo las llevaron a cabo los personajes de los varios casos de estudio. Si eres como la mayoría de las personas, estarás tentado a leer los ejemplos resueltos y a pensar que es suficiente con saber qué hacer. ¡Pero ten cuidado: el saberlo no sustituye el hacerlo! Si no realizas tú mismo toda la actividad, la probabilidad de que puedas aplicar las habilidades es muy pobre. Te recomendamos firmemente que tengas un cuaderno en el cual realices las actividades. Algunas te tomarán solo unos momentos, y otras de verdad te harán pensar. Se te pedirá que medites, respecto del material que acabas de leer, sobre situaciones y problemas en tu vida, tus ilusiones, tus decepciones, toda clase de cosas. *El propósito detrás de las actividades es ayudarte a que proceses realmente, y te apropies, el material de cada capítulo.*

Conforme recorras el trayecto de tu viaje, analizarás las situaciones y harás planes. Encontrarás que es más útil tener un cuaderno en el cual registres tus ideas y planes, además de organizar tus hojas de actividades. Si existe un "hecho" predominante en el ámbito del cambio de conducta es que la gente que registra información importante acerca de su existencia es más proclive a tener éxito en su vida. Prepárate para el éxito. Pon en marcha el programa mediante el trabajo en las actividades.

Cada capítulo comenzará con un caso de estudio diferente que describe a los personajes cuyas hojas de actividades dentro del capítulo ilustran nuestros objetivos de aprendizaje. Al final de cada capítulo encontrarás el desarrollo de la historia de Kathy y Jim, una pareja ficticia cuya historia es una mezcla de las historias de muchas personas reales que han experimentado este programa. Ilustra puntos importantes y te ayudará a darte cuenta de cómo se aplican las *Alternativas* en la vida real. A pesar de que Kathy y Jim son ficticios, sus experiencias son las vivencias reales de las personas que han tenido éxito con este programa.

Kathy y Jim: necesitados de una **Alternativa**

Kathy y Jim fueron mutuamente su primer amor y se casaron poco después de que se graduaran de la preparatoria. Tras ocho años de matrimonio, Kathy entró en el programa. Su historia puede parecerte familiar.

Después de la preparatoria, Kathy decidió aceptar la proposición de Jim, en lugar de irse a la universidad. Jim rápidamente consiguió un trabajo bueno y estable en una fábrica local, y como la mayoría de los amigos de la preparatoria de Jim también se quedaron en su pueblo, él siguió llevándose con el mismo grupo. Bebedores de cerveza en la preparatoria, los chicos continuaron con su tradición de juntarse para "unos cuantos tragos". Por desgracia, *unos cuantos* para Jim se volvieron cada vez más, hasta que llegó al punto en que le ponía mayor atención a la bebida que a Kathy.

De recién casados, Jim y Kathy pasaban juntos mucho tiempo, pescando y acampando durante todo el año y disfrutando de su familia, que iba creciendo. Sin embargo, al paso del tiempo dejaron de realizar las actividades que los unieron en un inicio. Cuando Kathy entró en tratamiento, nos dijo que habían pasado cinco años sin que hubieran pescado o acampado, y que Jim había perdido por completo el interés en sus tres hijos. En ese momento, su único interés real era beber y estar en el bar.

Kathy dijo que había tratado de hablar con Jim para que ayudara con los niños o con la casa, pero él decía que, como era el proveedor, el trabajo de ella era hacerse cargo de aquella y de los niños. Nos dijo que tenía miedo de hablar con Jim acerca de la bebida porque la última vez que lo hizo la golpeó. Después de ese incidente se quedó en casa durante dos semanas para que los vecinos no vieran sus moretones. A los niños les dijo que se había caído de las escaleras.

Kathy estaba asustada y se sentía atrapada. Había renunciado a su oportunidad de ir a la universidad, nunca había trabajado en realidad y no veía cómo podía mantenerse a sí misma y a los niños. En cuanto a hablar con Jim, le atemorizaba enfrentarlo. Cocinaba, limpiaba y hacía lo que se supone debía hacer una "buena esposa", pero cada vez se deprimía más. Aumentó de peso y estaba avergonzada de cómo se veía. Dejó de visitar a sus amigos y rara vez invitaba a su familia a que la visitaran. Los días festivos se volvieron una pesadilla porque tenía que convivir con gente y nunca sabía qué tan borracha o estrambóticamente actuaría Jim. En sus propias palabras: "Mi vida es un desastre total. Me siento morir. Si no fuera por los niños, simplemente huiría".

Capítulo 2

El mapa de caminos

Holly y Dan

Holly llegó a nuestra clínica después de siete años de vivir, como ella lo dijo, "en vilo". Cuando recién casados, Dan era lo que ella llamaba un bebedor social, pero conforme escalaba posiciones en el trabajo comenzó a beber para relajarse al final del día. Siempre decía que "la publicidad es un negocio despiadado" y necesitaba beber para "desestresarse" después del trabajo. A pesar de las repetidas sugerencias de Holly de que debía considerar buscarse otro empleo que fuera menos estresante y más satisfactorio, Dan se aferró a su trabajo, a sus aspiraciones profesionales y a la botella que necesitaba para soportar todo eso. Cuando Dan ascendió en la compañía, aumentó su consumo de alcohol. Todos los días regresaba del trabajo, se ponía ropa cómoda, cenaba con Holly y mezclaba el primer *whiskey* con agua de la noche. Era así entonces como, día tras día, podían discutir sin parar. Sin hijos (Holly tenía miedo de tener un bebé en esas circunstancias) y sin amigos, porque hacía tiempo se había desconectado a causa de la vehemencia de Dan, no había nada qué hacer, salvo seguir en la brega.

En este capítulo trabajarás en tres objetivos. Primero, identificarás todo lo que sabes acerca de los modelos de bebida de tu bebedor (probablemente te sorprenda lo mucho que sabes). Luego, usarás esa información para obtener lo que llamamos *una norma* de su bebida. En otras palabras, te ayudaremos a entender cuánta bebida realmente toma y en qué circunstancias. Por último, con esos datos a la mano elaborarás planes de acción específicos para cambiar tu comportamiento y, al hacerlo, cambiar el comportamiento de tu bebedor.

Haz un mapa de consumo de bebida

La vida con tu bebedor te ha dado una gran cantidad de experiencia y conocimiento acerca de sus patrones o modelos de bebida. Lo compruebas cada vez que piensas: "Sabía que haría eso" o "Allá va, *otra vez*". Reconoces los caminos habituales que sigue tu ser querido. De hecho, quizá hay veces en las que te sientes todo un psíquico en relación con lo que hará a continuación. Este conocimiento te coloca en la posición única de poder darle un empujón a la conducta de tu bebedor en la dirección en la que quieres que vaya. Sin embargo, primero necesitas un mapa de caminos. Utiliza tu experiencia para entender qué detona la bebida, qué la incrementa y qué la disminuye, dónde figuras tú en la situación y dónde están las trampas. En otras palabras, si quieres llegar a tu destino, ¡usa un mapa!

Un mapa de caminos para el consumo de bebida tiene tres partes principales. Primero, describe los desencadenantes de la bebida: puedes imaginarlos como las señales de la carretera que te avisan que te aproximas a una salida. Después, describe los primeros signos de embriaguez: puedes equiparar esto con las señales que te indican que bajes la velocidad en las salidas de la carretera. A veces los signos de embriaguez son obvios, como cuando tiene una bebida en una mano y sonríe como idiota. Otras veces necesitas de tu perspicacia para saber si solo está de mal humor o si el jaibol que se tomó en el camino a casa lo puso en un estado de ánimo del asco. En otras palabras, necesitas reconocer las pistas que te indican si tu bebedor sigue moviéndose de manera fluida por la carretera de la sobriedad, o si ya tomó la salida que señala BEBIDA. El mapa, finalmente, muestra las consecuencias de la bebida: una vez que tu ser querido toma la desviación hacia la bebida, existen infinidad de caminos subsiguientes. A veces lo que haces, en un esfuerzo para que tu bebedor se detenga, es más probable que haga que beba. Por eso es tan importante identificar no solo los desencadenantes y las señales, sino también lo que sucede entre ustedes dos cuando él bebe. Tu mapa te ayudará a entender qué conduce a más bebida y qué lo devuelve al camino de la sobriedad y a un manejo fluido.

Desencadenantes de la bebida

Los desencadenantes de la bebida son algunos acontecimientos específicos, estados de ánimo, personas, momentos, días, ideas, lugares o aromas que llevan a tu ser querido a beber o te advierten que está a nada de hacerlo. En el punto donde aparece un desencadenante, tu bebedor quizá ni siquiera ha tomado una copa, pero puedes estar completamente seguro de lo que viene. Estos desencadenantes son comparables con las señales de la carretera que te avisan que te acercas a tu salida. Recuerda, el que una carretera tenga señales de una salida próxima no siempre indica que la tomes. De manera similar, algo puede ser un desencadenante de la bebida para tu ser querido, aunque no *siempre* lo lleve hacia la bebida. Para nuestro propósito, la definición de un desencadenante de la bebida es que *a menudo* conduce hacia ella.

Aunque todos somos únicos, algunos desencadenantes son bastante comunes. Así pues, los hemos puesto en una lista para ti en la actividad 1. Lee la lista y marca aquellos que parezcan ciertos en el caso de tu bebedor. Esto te ayudará a ver qué clase de señales buscamos. Al final de la lista, agrega cualquiera que nos haya faltado y sea aplicable a tu ser querido. Trata de recordar todas las circunstancias que a menudo han desencadenado que él beba. Abajo te mostramos qué desencadenantes ve Holly en el mapa de caminos para la bebida de Dan. En la actividad 1, Holly marcó primero los rubros que le recordaron algo. Entonces los revisó, meditó acerca de ellos, los resumió y personalizó en el modelo típico de Dan. Estudia su actividad y entonces haz la tuya en tu cuaderno.

Actividad 1. Desencadenantes de la bebida

¿Cuál de estos factores suelen desencadenar la bebida en tu ser querido?

	Aburrimiento
X	Mal día en el trabajo
	Buen día en el trabajo
X	Cualquier día en el trabajo
X	Nerviosismo
X	Depresión
	Ir del trabajo a la casa en el coche de los amigos

	Ver deportes con los amigos
	Ver deportes solo/a
	Que los niños lo/la molesten o irriten
	Discutir contigo
	Sentirse bien y querer celebrar
	Tener invitados en casa
	Buscar algo sobre qué pelear
	Síndrome premenstrual
	Quejarse de su jefe
	Renegar de sus compañeros de trabajo
	Abatimiento en el entorno de la casa
X	Agenda sobrecargada
	Pláticas acerca de cuán desesperanzadora es la vida
	Que los niños son ruidosos (o, por lo menos, el bebedor se queja de que lo son)

¿Qué desencadenantes nos han faltado que habitualmente llevan a tu ser querido a beber? Agrégalos a la lista y entonces resume todo para discurrir cuál es el modelo típico de tu ser querido. Abajo, Holly ha resumido el modelo de Dan.

El patrón de bebida de Dan

Dan tiene un trabajo sumamente estresante que, no obstante, a la mayoría de las personas no las lleva a beber, pero para él definitivamente es un desencadenante de la bebida. A menudo se siente inepto en el trabajo y se preocupa de que algún día se "descubra" cuán "farsante" es. Sin embargo, siempre que se acercan las fechas límite de los proyectos (como sucede frecuente e imprevistamente en la publicidad), o Dan debe dar una presentación donde siente que será evaluado, su grado de estrés se dispara.

Después de años de escuchar las reseñas de Dan sobre el trabajo y ver sus borracheras nocturnas, Holly ha identificado los siguientes desencadenantes de la bebida, no sin darse cuenta de que, en el caso de Dan, todos giran en torno del estrés respecto de ser evaluado.

Los desencadenantes de la bebida de Dan
- *Vencimiento de fechas límite para la entrega de proyectos en las siguientes tres semanas.*
- *Dan tiene que hacer una presentación a un cliente en presencia de su jefe.*
- *Actividades de la empresa (días de campo, torneos de golf, fiestas, etc.) en las cuales Dan debe socializar con personas de rangos superiores.*
- *Comentarios de compañeros de trabajo que a Dan le hacen creer que le darán a alguien más el encargo que él desea.*
- *Cualquier momento en que Dan llegue a casa y diga que tuvo un día "asfixiante".*

(Sabemos que muchos bebedores no necesitan un "desencadenante" específico para comenzar a beber. Sin embargo, normalmente puedes encontrar un modelo que con frecuencia antecede a tomar en exceso).

Las señales de la bebida

Ahora que tienes una imagen aproximada de lo que envía a tu bebedor en busca de una bebida, piensa acerca de cómo sabes que ha bebido. Entre el primer trago y estar borracho generalmente hay señales que te indican que va de la sobriedad a la embriaguez. Una vez que el alcohol llega al cerebro, ha pasado el momento de razonar y negociar. El licor y otras drogas casi de inmediato interfieren con la habilidad de una persona para pensar con claridad. En ese instante, tienes solo dos objetivos. El primero y más importante es permanecer seguro. Si tu ser querido muestra cualquier signo de violencia, necesitas echar a andar tu plan de protección (véase el Capítulo 3). Si la seguridad es un problema, tu segundo objetivo se vuelve el principal y es no hacer nada que lo aliente a beber más. Los mapas de conducta que desarrollas te enseñarán cómo lograr este segundo objetivo.

¿Qué cambia mientras tu ser querido comienza a beber? ¿Empieza a ir de un lado a otro? ¿Se le cierran los ojos? ¿Comienza a buscar algo con qué comenzar una pelea? Revisa la lista en la actividad 2 y agrega cualquier señal que nos haya faltado e indique que ha comenzado un episodio de bebida. Si tienes problemas con este ejercicio, trata de recordar su último episodio de bebida y deduce qué pasó o cómo lucía en cada momento.

Holly describió así las señales de la bebida de Dan. Estudia su actividad y entonces completa la actividad 2 respecto de tu ser querido en tu cuaderno.

Actividad 2. Las señales de la bebida

Sé que mi ser querido ha comenzado a beber cuando...	
	Trae a la casa un paquete de cervezas
X	Aprieta la quijada o los puños
	Comienza a tener los ojos vidriosos
	Se le cierran los ojos
X	Comienza a hablar más fuerte o más suave
X	Dice que trabaja arduamente y se merece por lo menos un trago
	Se pone de mal humor

	Comienza a arrastrar las palabras
	Se pone más emotivo
X	Camina de un lado a otro por toda la casa
	Se pone menos emotivo
	Se aparta de mí o de la familia
	Se empeña en que los niños tengan "tiempo de calidad" con él/ella, aunque los niños estén ocupados haciendo otra cosa
	Quiere estar solo
	Tiene cambios de humor bruscos
	Se niega a comer

Piensa en otras señales que aparecen cuando tu ser querido está en camino de una borrachera. Ponlas en una lista y resúmelas en su totalidad para discurrir cuál es su modelo típico de bebida. Holly resumió el modelo de Dan así:

Las señales de la bebida de Dan

Dan atraviesa por periodos en que trata de que no lo vea cuando comienza a beber porque sabe cuánto me molesta. Cuando hace eso, a menudo se detiene a tomar una bebida de camino a casa, o se ofrece a hacer algún encargo después de la cena y se detiene en el bar de Joe durante su escapada. Aunque no huela el licor en su aliento, sé que lo ha hecho por las siguientes señales:

- *Habla más fuerte.*
- *Aprieta la quijada.*
- *Se desanuda la corbata (cuando está sobrio nunca lo hace sino hasta que llega a casa: dice que arruina su imagen).*
- *Se olvida de quitarse los zapatos al llegar; cuando está sobrio siempre se los quita.*
- *Va al refrigerador varias veces como si estuviera buscando algo para comer, pero nada le apetece.*
- *Se queja de que nadie en el trabajo aprecia sus dotes.*

Buen trabajo. Ahora tienes una imagen bastante clara de qué situaciones son de alto riesgo para la bebida (esto es, desencadenantes de la bebida) y qué señales envía tu bebedor cuando toma la salida de la bebida. Esto completa la primera y la segunda partes del mapa.

Las consecuencias de la bebida

La parte final del mapa describe las consecuencias de la bebida. Mientras más específicamente, esto es, paso a paso, puedas identificar una secuencia que desemboque en la bebida o en problemas relacionados con ella, será más fácil entender cómo cambiar ese modelo.

¿Cuáles son los efectos de que tu ser querido beba? Por más deprimente que pueda resultar este ejercicio, sin él tu mapa estará incompleto, como lo estará tu capacidad para cambiar tu situación.

Siéntate un momento y piensa acerca de todas las consecuencias causadas por que tu ser querido beba. Asegúrate de tomar en cuenta no solo las consecuencias inmediatas, tales como las discusiones o las resacas, sino también las negativas a largo plazo, como las deudas, los problemas médicos, las oportunidades y amistades perdidas. Mientras estás en ello, también piensa en cualquier posible consecuencia positiva que experimentes por su bebida. Tan extraño como suena, es posible que la bebida de tu ser querido tenga algún papel útil en tu vida. Tal vez te permite evitar una relación sexual insatisfactoria o mantiene a tu bebedor dependiente de ti. No estamos diciendo que *debe* existir una consecuencia positiva, sino solamente que necesitas considerar con honradez la posibilidad para que no te tome por sorpresa cuando comiences a hacer cambios. Recuerda, el conocimiento es poder.

Holly fue capaz de identificar las consecuencias de la bebida de Dan sobre las cuales no había pensado antes. Hacerse consciente de ellas le ayudó a entender qué cambiar y cómo.

Usa la actividad 3 para comenzar tu lista de las consecuencias de la bebida. Recuerda que debes pensar tanto a largo como a corto plazo, así como en las consecuencias en tu bebedor y en ti. Aquí está el trabajo de Holly en esta actividad. Haz tu propia actividad en tu cuaderno.

Actividad 3. Las consecuencias de la bebida

La bebida ha ocasionado en mi bebedor o en mí...

	Sentirse enfermo
X	Tener graves resacas
	Sentirse culpable o avergonzado
X	Faltar al trabajo
	Ser en fiestas socialmente más extrovertido
	Ser despedido del trabajo
X	Perder el placer en nuestra relación
	Tener dificultades por la crianza de los niños
	Tener accidentes automovilísticos
	Ser arrestado por conducir borracho
	Tener problemas económicos
	Padecer problemas físicos
	Ser objeto de, o temer, violencia doméstica
	Avergonzarse del comportamiento al beber
X	No poder relajarse
	Incurrir en actitudes riesgosas (por ejemplo, manejar muy rápido o manejar bebiendo)
	Perder amigos
	Ser menos atractivo físicamente

	Tener una vida social deteriorada o nula
	Adquirir mala fama en la comunidad
	Tener problemas de peso
X	No poder tener sexo
X	Inhibirse en la relación sexual
	Desinhibirse en la relación sexual
X	Haber roto mis o nuestras cosas
	Sentir que nunca nos vamos a separar porque mi bebedor me necesita
X	Evadir tratar otros problemas porque siempre estamos ocupados con el de la bebida
X	Evitar una relación sexual poco satisfactoria

Piensa en otras consecuencias de la bebida que te afecten. Ponlas en una lista y entonces resume todo para que refleje tu situación. Holly ha resumido la suya abajo.

Las consecuencias de la bebida de Dan

Siempre pensé que la bebida de Dan solamente ocasionaba que discutiéramos y no mucho más. Por supuesto, me preocupaba qué problemas ocasionaría en el futuro, pero en esos momentos no pensaba que hiciera mucho daño. Sin embargo, cuando me senté y pensé en ello, me di cuenta de que había muchas más consecuencias de las que estaba consciente.

- *Discusiones (¡claro!).*
- *Mis jaquecas (más frecuentes y agudas cuando él bebe).*
- *Faltas ocasionales al trabajo: Dan con resaca, yo con migraña.*
- *Dan se zafa de ayudar en la limpieza después de la cena y de los quehaceres nocturnos, como poner en orden las cuentas y sacar la basura.*
- *No había cabida a la discusión respecto de si tendríamos hijos (Dan en verdad los quiere, pero yo no estoy segura de querer interrumpir mi carrera).*

- *Nuestra vida sexual está casi muerta.*
- *Dan se vuelve torpe y rompe los vasos.*

Veamos a Holly y Dan para hacer una compilación de lo que hemos mencionado hasta el momento.

Holly identificó los desencadenantes de la bebida de Dan como situaciones relacionadas con el trabajo que lo hacen sentir evaluado y en falta. Estos son los días "asfixiantes" a los que Dan se refiere. Holly también identificó las señales de que Dan ya había tomado una copa y se encaminaba hacia una borrachera. Cuando Dan llega a la casa con la corbata desanudada y la mandíbula apretada, ella sabe que ha salido más temprano del trabajo y se ha detenido en el bar del barrio a tomar un trago. La posición de su quijada también le indica que no está dispuesto a que se le niegue otro trago (no tiene caso intentar una conversación racional con alguien cuyo cerebro está bajo la influencia de una droga). Las consecuencias para Dan y Holly probablemente te sean familiares: discusiones, enojo, resentimiento, pérdida de intimidad, palabras destempladas que causan escozor incluso después de que se ha hecho el silencio, vasos rotos cuando Dan se vuelve torpe y faltas al trabajo por parte de ambos (Dan con resaca y Holly con migrañas y tristeza).

En este tema, tu trabajo más importante consiste en asegurarte de que puedas identificar los desencadenantes de tu ser querido, así como saber cuándo comenzó a beber, y conocer con bastante certeza cuáles serán las consecuencias. Con esa información en la mano puedes comenzar a hacer cambios. Al igual que Holly sabe cuándo Dan llega a casa listo para empinar el codo y discutir, tú puedes saber cuándo tu ser querido inicia ese camino. Al saber esto, puedes decidir no emprender ese viaje. En lugar de meterte en la misma danza de discusiones y aflicciones, toma nota de los desencadenantes y las señales y modifica lo que está dentro de tu control para que no sufras las mismas consecuencias. Puedes alejarte de la situación, cambiar lo que dices, cómo te ves y lo que haces. Mientras avanzamos verás que realmente hay mucho que puedes cambiar.

Establece la norma de tu bebedor

En este caso, *la norma* significa, simplemente, el lugar del cual empiezas. Establecer la norma de tu bebedor significa calcular, lo mejor que puedas, cuánto y qué tan seguido bebe. En otras palabras, describir sus patrones actuales de bebida. Existen dos razones para establecer una norma. Una, para completar el mapa que describe todo lo que sabes acerca de la bebida de tu ser querido; la otra, para ayudarte a reconocer la mejoría cuando sucede.

¿Qué tanto bebe tu ser querido?

El primer paso para obtener un punto de partida es calcular qué tan seguido y cuánto bebe tu ser querido. Utiliza la actividad 4 para hacer eso. Piensa cuidadosamente y trata de contestar cada pregunta. Si tienes problemas para obtener una imagen clara de su bebida, usa un calendario y haz memoria día por día. ¿Bebió ayer?, y si así fue, ¿cuánto? ¿Qué tal el día anterior y el anterior a ese? ¿Tu bebedor tiende a beber más/menos durante la semana o los fines de semana, o cambia el modelo cada semana? Si tiene un patrón de bebida más o menos estándar, este ejercicio será más fácil de hacer, aunque, en cualquier caso, es importante.

Casi todos los bebedores tienen "días especiales para beber" en los cuales tienden a *consentirse*. Dependiendo de tu bebedor, los días especiales para beber pueden ser los festivos, los de paga, el domingo del Superbowl (o cualquier domingo), las finales de futbol, los cumpleaños, los viernes en la noche o cualquier otro día que sirva como excusa para abrir una botella.

Si sabes que tu ser querido bebe más de lo que te puedes percatar, o piensas que lo hace más de lo que te enteras, sigue tus instintos. Muchos bebedores con problemas hacen trampa para conseguir la bebida, así que probablemente estés en lo cierto. En cualquier caso, no puedes monitorear sus actividades 24 horas al día; así pues, haz tu mejor cálculo.

Mientras respondes las preguntas de la actividad 4, usa como pauta la siguiente delimitación de lo que representa una bebida. Cada uno de los siguientes cuenta como un trago:

350 ml de cerveza
115 ml de vino
35 ml de alcohol 80%
28 ml de alcohol 100%

Cada una de estas cantidades contiene 60 ml de etanol, que es el químico del alcohol que lo convierte en una droga.

Actividad 4. Estimado de bebida
durante una semana típica

Nota: Si tu bebedor no trabaja en un horario estándar de lunes a viernes, ajusta la actividad a lo que corresponda.

1. ¿Cuántas bebidas normalmente él/ella bebe en un lunes, martes, miércoles y jueves típicos? Multiplica la dosis habitual por 4. _____
2. ¿Cuántas bebidas él/ella bebe normalmente en un viernes típico? _____
3. ¿Cuántas bebidas él/ella bebe normalmente en un sábado típico? _____
4. ¿Cuántas bebidas él/ella bebe normalmente en un domingo típico? _____
5. Suma tus respuestas de las preguntas 1, 2, 3 y 4. _____

El total que anotaste en la línea 5 indica la cantidad de bebidas durante una semana típica para tu ser querido. Compara esta cifra con tu estimación de su cantidad de bebida hace un año, hace tres años o cuando recién se conocieron. ¿La cantidad se ha incrementado con los años? ¿Esta cifra aumenta o disminuye en días particulares, días festivos, vacaciones u otras ocasiones especiales?

También puedes calcular cuántas horas al día pasa bebiendo o en actividades relacionadas con el alcohol: el tiempo que pasa en ir a las licorerías, en los bares, con resaca, detenido en la cárcel o en un hospital es parte del patrón —y costo— de la bebida. También añade a tu norma cualquier otra droga que utilice tu ser querido. Una imagen detallada de dónde estás en este momento representa un saber que te ayudará a llegar a donde quieres estar mañana. Repite periódicamente este ejercicio conforme pones en práctica las *Alternativas*. Los cambios en estas cifras serán uno de los medios para medir el efecto de tus logros sobre tu bebedor. Sin embargo, recuerda que, aunque tu ser querido no se encamine hacia la sobriedad, la medida más importante del éxito será una mejoría en la calidad de vida para ti y quienes dependen de ti.

¿Cuánto es más de la cuenta?

Incluso sin el detallado ejercicio que acabas de llevar a cabo, estamos seguros de que has discutido con tu ser querido acerca de cuánto bebe. Has aducido que es más de la cuenta, y muy probablemente tu bebedor ha argüido que en modo alguno es mucho. Tan seguro como puedes estar las más de las veces de que bebe en exceso, también probablemente hay ocasiones en que te cuestionas quién está loco. Después de todo, conoces a otras personas que beben tanto como tu ser querido. También, quizá, hay ocasiones en que bebe menos y te preguntas si no estarás exagerando al respecto. En cualquier caso, ¿qué es *lo normal* en la bebida?

Existen muchas definiciones de qué es lo normal en la bebida y de problemas con ella. De hecho, ¡convoca a un grupo de expertos en el abuso de sustancias y te maravillarás con el circo! Preferimos no preocuparnos acerca de cuántos mililitros de qué alcohol "oficialmente" es mucha bebida. La definición que encontramos más útil con la gente real es: *Si el consumo de alcohol de un individuo es causante de problemas, esa persona bebe más de la cuenta.*

También tendemos a no incomodar a alguien al etiquetarlo como *alcohólico*. Haciendo a un lado la imposibilidad de que los expertos se pongan de acuerdo en definir quién exactamente merece ese título, el de *alcohólico* es un título estigmatizador que a muchos bebedores los ha ahuyentado del tratamiento. Si tu ser querido está dispuesto a hacer el esfuerzo, ¿hace falta estamparle una etiqueta?

Respira hondo

Poner de manifiesto la magnitud del problema como lo hiciste puede ser bastante perturbador. Tal vez esta sea la primera vez que hayas identificado realmente todas las consecuencias del alcohol en tu vida, y quizá sean peores de lo que habías estimado. Así pues, detente, respira hondo y recuerda que el solo hecho de documentar el problema no ha cambiado nada: tu ser querido no bebe más ni menos que antes. Ahora tan solo estás consciente de ello y listo para enfrentarlo. Con un cabal mapa del consumo de bebida, puedes comenzar a entender cómo ampliar en el terreno caminos planos y sin riesgos.

Rediseña el mapa

Rediseñar el mapa de consumo de bebida no es más que ordenar de otro modo la manera como interactúas con tu bebedor para eliminar o reducir al mínimo los desencadenantes que lo llevan hacia la bebida. En lugar de observar a tu bebedor ir de un episodio de bebida al siguiente, construirás nuevos caminos para ir de los viejos desencadenantes de la bebida hacia nuevas actividades sin bebida. Para ilustrar lo que queremos decir, déjanos contarte acerca de Ed y Lydia.

Ed y Lydia

Ed había tratado durante años de que Lydia dejara la bebida, pero nada funcionaba. Criticar constantemente, suplicar, amenazar, engatusar era como predicar en el desierto. Lydia no era una "bebedora de caerse", como ella decía, ni estaba dispuesta a renunciar a algo que tan deprisa la hacía sentir muy bien cuando se estresaba. Por otro lado, Ed veía la bebida de Lydia como un problema mayúsculo, pues provocaba que faltara al trabajo, olvidara recoger a los niños de la guardería y una vez manejó a casa ebria con los pequeños. Finalmente, Ed intentó una nueva estrategia. Se retiró de la batalla y en su lugar hizo un mapa de la conducta bebedora de Lydia y de las reacciones de él ante eso (justo como acabas de hacerlo tú). Entonces perfiló nuevas conductas de él mismo que, a su vez, provocaran diferentes conductas de Lydia. Por ejemplo, cuando Lydia llegaba a casa del trabajo y se quejaba del injusto trato que recibía de su jefe (un conocido desencadenante de la bebida), Ed le masajeaba los hombros y le decía lo mucho que él y los niños la apreciaban, aunque su jefe fuera un imbécil. Entonces le pedía que disfrutara de un baño caliente mientras él preparaba la cena, y le dejaba claro que en realidad disfrutaba estar con ella cuando estaba sobria. Sabiendo que los baños estaban, junto al alcohol, entre sus calmantes preferidos, era capaz de alejar a Lydia de la botella de vino lo suficiente como para tranquilizarla, servir la cena y dirigir su atención hacia temas más agradables. Mientras Ed más seguido hacía esto, más vivencias positivas compartían él y Lydia después de la jornada, y era más probable que Lydia saliera del trabajo sabiendo de antemano que se sentiría bien al llegar a casa. Esta expectativa positiva ayudó mucho, a su vez, a reducir su estrés laboral y le facilitaba dejar de beber.

Puedes volver a hacer un mapa de la conducta de tu bebedor, como lo hizo Ed, valiéndote de la información que has reunido en este capítulo. Para hacer eso, examina los desencadenantes de la bebida de tu bebedor y, para comenzar, enfócate en los dos o tres más comunes. Por cada uno describe todo lo que sabes acerca de ellos: todos los pormenores del desencadenante en sí mismo (quién, qué, dónde, cuándo, por qué y cómo) y cada una de sus consecuencias, incluido cómo reaccionan tú y los demás ante lo que sucede. También describe cómo se manifiestan los patrones de bebida. ¿Comienzan con "solo un trago" y lentamente continúan hasta que el bebedor está muy borracho, o tu ser querido bebe con furor, fuerte y deprisa?

La manera más fácil de rehacer un mapa de la conducta de tu bebedor es trazándolo en una hoja de papel, como hizo Ed con Lydia en el siguiente ejemplo. Utiliza flechas para mostrar cómo un suceso lleva al siguiente.

Lydia llega a casa quejándose. → Ed saca a relucir que él también ha tenido un día muy duro y los niños piden a gritos atención. → Lydia se sirve un trago mientras comienza a preparar la cena. → Ed le pregunta si se va a emborrachar otra vez. → Lydia le dice que deje de fastidiarla y se bebe la copa de un trago, en tanto sigue preparando la cena. → Ed le dice que es un mal ejemplo para los niños. → Lydia se sirve otra copa. → Ed sale violentamente de la cocina. → Los niños comienzan a llorar. → Lydia, que puso a calentar algo en la estufa, se sirve otra copa y va a su habitación a cambiarse de ropa. → Ed la sigue y le pide perdón. → Ella acepta, pero ya está un poco bebida. → Lydia regresa a la cocina y rellena su vaso dos o tres veces más. → Para el momento en que la cena está lista y la familia reunida alrededor de la mesa, Lydia está borracha, Ed furioso y la noche es un fiasco.

Una vez que Ed hizo el mapa de la secuencia desencadenante que viene detrás de la pésima-interacción-de-Lydia-con-su-jefe, pudo entender cómo interrumpirla. En este caso, sabía que el desencadenante era más que un terrible día en el trabajo. El verdadero desencadenante era el estrés de Lydia. Así pues, decidió interrumpir la secuencia, al introducir, justamente al principio, varios atenuantes del estrés. Cuando Lydia llegaba a la casa alterada, en lugar de sacar a relucir que todos tienen días pesados en el trabajo (así que deja de sentir lástima por ti mismo), se enfocaba en ayudarla a relajarse. Es verdad, debía hacer un trabajo extra, en términos de tener que preparar la cena y evitar que los niños brincaran para atraer la atención de ella, pero recibía una buena recompensa: Lydia se mantenía en sobriedad, y ellos disfrutaban la noche juntos.

Antes de ver el mapa corregido de Ed, es importante enfatizar que no estamos sugiriendo que hagas permanentemente todo el trabajo dentro de la relación. Ciertamente, aquí los objetivos a largo plazo son que tengas menos trabajo en mantener el funcionamiento de la familia y tu ser querido se convierta en un miembro involucrado y responsable. Sin embargo, entre ahora y entonces, necesitarás hacer un esfuerzo extra. Además, suponemos que, de todas maneras, ya estás haciendo la mayor parte del esfuerzo. Así, esto es la continuación del mismo estado de cosas, pero con un mejor desenlace.

Ahora bien, así es como lucía el mapa corregido de Ed. Las viejas rutas se encuentran en *cursivas* y entre paréntesis, y las nuevas, en **negritas**.

Lydia llega a casa quejándose. → *(Ed saca a relucir que él también ha tenido un día muy duro y los niños piden a gritos atención).* → **Masajearle los hombros y decirle lo mucho que yo y los niños la apreciamos. Decirle que se tomara un baño caliente mientras yo preparaba la cena. También decirle que el baño la ayudaría, sin necesidad de una copa, a relajarse, para que nuestra noche fuera más agradable.** → *(Lydia se sirve un trago mientras comienza a preparar la cena).* **Lydia toma un baño mientras yo preparo la cena.** → *(Ed le pregunta si se va a emborrachar otra vez).* → *Lydia le dice que deje de fastidiarla y se bebe la copa de un trago, en tanto sigue preparando la cena.* → *Ed le dice que es un mal ejemplo para los niños.* → *Lydia se sirve otra copa.* → *Ed sale violentamente de la cocina.* → *Los niños comienzan a llorar.* → *Lydia, que puso a* *calentar algo en la estufa, se sirve otra copa y va a su habitación a cambiarse de ropa.* → *Ed la sigue y le pide perdón.* → *Ella acepta, pero ya está un poco bebida.* → *Lydia regresa a la cocina y rellena su vaso dos o tres veces más.* → *Para el momento en que la cena está lista y la familia reunida alrededor de la mesa, Lydia está borracha, Ed furioso y la noche es un fiasco).* **Lydia baja relajada y disfrutamos la cena.**

Examina lo más problemático o el desencadenante más común en el mapa de tu ser querido y pregúntate si podría ocultar el verdadero desencadenante, como era el caso de Lydia. Sin embargo, no profundices mucho en esto. A menudo, las cosas realmente son lo que parecen. Si compartir el coche del trabajo a la casa el día de paga con sus compañeros de borrachera es un desencadenante para tu bebedor, es muy posible que en realidad sea el desencadenante, y necesitas enfocarte en encontrar otra manera para que tu ser querido llegue a casa del trabajo. Podrías probar ofrecerte a recogerlo tú mismo y llevarlo a cenar (a un restaurante donde no vendan alcohol). De esa forma no solo lo ayudarás a evitar un fuerte detonante de la bebida sino también a reemplazar el comportamiento de la bebida con una alternativa saludable y agradable.

Ajusta el mapa de los desencadenantes que has seleccionado, procura dibujar el mapa actual completo y después agrega desviaciones en cada punto donde puedas modificar algo. También recuerda que si tu primera desviación no funciona, ayuda tener planeada una segunda para los siguientes puntos en la secuencia. En el caso de Ed, si no hubieran funcionado el masaje en los hombros y el baño, pudo haber planeado una respuesta de comprensión (véase el Capítulo 9) a las quejas de Lydia y proponer que todos salieran a cenar, habiendo seleccionado cuidadosamente un restaurante donde hubiera un menú para niños y sin alcohol. De esta manera, Lydia rápidamente se veía atraída hacia una actividad relajante y sin alcohol.

También sería útil si, al tiempo en que se da la conversación durante la cena, Ed ayudara a Lydia a cambiar su enfoque. En lugar de obsesionarse con lo imbécil que es su jefe, o que ella debe hacerse menos para merecer sus comentarios desagradables, Ed podría ayudarla a enfocarse en algo positivo que les esté sucediendo a los niños, o en las vacaciones que están planeando. Aquí la idea es, simplemente, distender la situación al cambiar de un tema negativo a uno positivo.

De acuerdo con tu proyecto, asegúrate de no estar manejando en la misma vieja ruta. Si las vías ya utilizadas no funcionaron, es probable que tampoco funcionen ahora. Para llegar a tu meta busca nuevas vías que no generen polémica (véase el Capítulo 9). Asimismo, recuerda que el objetivo no es probar que tu bebedor está mal y tú estás bien (por más satisfactorio que eso pueda ser), sino atender su problema de bebida y construir una mejor vida. No pelees con tu *bebedor*. Pelea con el *problema*.

El cambiar el modelo desde el momento tras la primera copa requiere extraordinaria cautela. Como siempre, el objetivo más importante es permanecer a salvo. Si tu ser querido tiene alguna tendencia a volverse violento, asegúrate de trabajar el Capítulo 3 antes de hacer cambios. No seas un mártir. Si tu ser querido presenta signos de ponerse rudo, aléjate y, si es necesario, vete de la casa. Recuerda que el alcohol cambia la forma en que funciona el cerebro; así pues, cualquier cosa que hagas tras de que dio comienzo la bebida debe centrarse en tu comportamiento y en zafarte de una situación indeseable. No pierdas el tiempo discutiendo, negociando o conversando con un cerebro envenenado por el alcohol.

Conoces las señales de una borrachera incipiente así como las de una a tope. Es mejor dejar solo a un ebrio, pues hay muy pocas funciones cerebrales disponibles a las cuales puedas apelar. Comoquiera, puede ser más manejable al comienzo de la bebida. Por ejemplo, si llegas a casa del trabajo para encontrar que tu ser querido llegó antes que tú y ya tiene la típica mirada bizca de "Ya me tomé unas cuantas", tienes una opción: seguir el mapa consabido al preguntarle si ha estado bebiendo (¡claro!) y hacerle saber cuán desilusionado, enojado y lastimado estás. A partir de ahí, ambos pueden tener el pleito consabido, él beberá su consabida botella y el día terminará en un consabido fiasco. Por otro lado, puedes tener listo un nuevo mapa que seguir y crear la ocasión para que la noche termine bien. Considera la siguiente escena.

Mamá: ¡Hola, cariño! ¿Cómo estuvo tu día?

Eric: Una mierda. Tuve un día horrible. Me alegro de que haya terminado.

Mamá: Siento que hayas tenido un día difícil. ¿Te gustaría salir a cenar?

Eric: No. Solo quiero estar en paz y descansar. Necesito otro trago.

Mamá: ¿Por qué no preparo café y guiso un omelet [su comida preferida]? ¿Quieres que le ponga algo especial?

Eric: Sí, quiero un poco de jamón y pimientos verdes. Muero de hambre.

En este caso, las cosas funcionaron bien para la mamá de Eric. Se dio cuenta de su humor y le ofreció una forma, llamémosle abstemia, para mejorar la situación. No se trenzó en una discusión acerca de si él debería beber y, así, tampoco se convirtió en parte del problema. Mamá ofreció una solución. Sin embargo, las cosas no siempre funcionan así de bien. Veamos cómo pudieron ir mal, aunque no terribles, para Eric y su mamá.

Mamá: Hola. ¿Cómo estuvo tu día?

Eric: Fue un largo e insoportable día. Me alegro de que haya terminado.

Mamá: Siento que haya sido un día pesado. ¿Te gustaría salir y comer algo?

Eric: No, gracias. Solo quiero estar solo y tomarme una copa.

Mamá: Puedo preparar la cena, lo que quieras. Solo tienes que decírmelo.

Eric: Ya lo dije. Déjame solo. Quiero beber en paz.

Mamá: Puedo darme cuenta de que no me quieres cerca, y prefiero no verte tomar. Voy a darme un baño y me acostaré temprano. Espero que te sientas mejor. Te veo en la mañana.

Nota cómo en esta variante la mamá le da a Eric su espacio. Comenzó por tratar de ser empática y le ofreció una solución *abstemia*, pero él estaba determinado a seguir por un camino de bebida. Así pues, en lugar de meterse con él y volverse parte del problema, la madre optó sabiamente por alejarse de la situación y hacer algo agradable para ella, es decir, tomar un baño y gozar de una buena noche de sueño. De haberse quedado en el problema, la tensión hubiera aumentado y no solo no se habría resuelto nada esa noche, sino que ambos hubieran estado muy enojados como para hablarse en la mañana. De esta forma, Eric se salió con la suya, su mamá pasó una mejor noche que si se hubiera quedado, y los dos podrían procurarse una mejor conversación al día siguiente.

No te abrumes con rehacer el mapa de todos los modelos de conducta de tu bebedor. Has vivido todo este tiempo con el problema: no hay necesidad de resolverlo en un día. De hecho, tratar de hacerlo así solo acabará contigo. Esta es una nueva manera de vivir, así que tómate tu tiempo y llévala tranquilo. El cambio es un viaje, no algo que simplemente ocurre. No se da de un día para otro, sino con el transcurso del tiempo.

Puede ser agobiante seleccionar el mapa de caminos con el que quieres comenzar. Hay muchas áreas de tu vida que te lastiman. Sin embargo, nuestra recomendación es comenzar con una interacción bastante precisa que te moleste. Por ejemplo, tú y tu ser querido pueden tener una discusión nocturna acerca de beber enfrente de los niños, o sobre qué tan tarde se sienta a navegar en internet y beber. Selecciona algo que sea bastante particular, no una situación constante como estar maltratándose uno al otro. También asegúrate de seleccionar una interacción que esté, siquiera parcialmente, dentro de tu control. Las discusiones de tu ser querido con otras personas no puedes corregirlas tú. Sí, en cambio, las que sostiene contigo.

Ahora que has identificado en el punto de partida los detonadores de bebida de tu ser querido, así como las señales y consecuencias, estás listo para comenzar a trazar tu mapa. Las actividades 5 y 6 te enseñan cómo Holly, con toda la información que tenía acerca de la bebida de Dan, creó dos variantes de su mapa de camino: una describe dónde acaban por lo general ella y Dan, y otra describe hacia dónde quiere ir ella.

El capítulo siguiente te dará muchas técnicas para utilizar en tus nuevos mapas de conducta. Por ahora, planea los cambios que puedas y después léelos para ver qué nuevas estrategias pueden ayudarte a diseñar mapas de camino más convincentes.

Actividad 5. El viejo mapa

Dan llega a casa después de, evidentemente, haber tomado algunas copas. → Holly le saca a relucir que llega dos horas tarde para la cena y comienza a golpear ruidosamente las ollas y las cacerolas mientras le sirve la cena. → Dan le dice que se calle pues tuvo un mal día. → Holly siente que su mal humor aumenta mientras dice, enojada: "Yo también trabajo, lo sabes. Mi día no fue nada fácil y debiste haber llamado". → Dan grita: "Te dije que te calmaras. Me voy de aquí". Regresa al bar. → Holly pasa el resto de la noche lavando platos y llorando.

Actividad 6. El nuevo mapa

La vieja ruta se encuentra en *cursivas* y entre paréntesis y las nuevas conductas se muestran en **negritas**.

Dan llega a casa después de, evidentemente, haber tomado algunas copas. → *(Holly le saca a relucir que llega dos horas tarde para la cena y comienza a golpear ruidosamente las ollas y las cacerolas mientras le sirve).* **Holly dice: "Me da gusto que hayas llegado a la casa. Estaba un poco preocupada. ¿Quieres comer?".** → *(Dan le dice que se calle pues tuvo un mal día).* **"No —dice él—, solo quiero ver el basquetbol".** → *(Holly siente que su mal humor aumenta mientras dice, enojada: "Yo también trabajo, lo sabes. Mi día no fue nada fácil y debiste haber llamado").* **Holly comienza a guardar la cena y le dice a Dan que puede comer algo después si le da hambre. "Ahora —dice ella— voy a la recámara a leer".** → *(Dan grita: "Te dije que te calmaras. Me voy de aquí". Regresa al bar).* **"¿No quieres ver el basquetbol conmigo?", pregunta él.** → **"No —contesta ella—. No estoy a gusto contigo cuando has estado bebiendo".** → *(Holly pasa el resto de la noche lavando platos y llorando).* **Dan ve el juego solo y Holly se acurruca con su novela en la recámara.**

Recuerda que lograr tu meta final puede significar sacrificar un poco por ahora. Holly realmente no quería estar en la recámara. Lo que en verdad deseaba era que Dan llegara a la casa sobrio. Y, como no lo hizo, quería gritarle y hacerlo sentir tan mal como ella se sentía. Sabía, sin embargo, que eso en nada los acercaría al día en que ella pudiera confiar en que él llegara sobrio a la casa. Disfrutar una novela no era exactamente lo que deseaba, pero era mucho mejor que llorar frente al lavaplatos. La otra parte crítica de este "remapeo" es que Holly le dejó muy claro a Dan que ella disfruta estar con él solo cuando está sobrio. Este es un asunto importante. Sin ponerlo en el banquillo de los acusados ni polemizar con él, debes esforzarte en ser franco con tu ser querido. El hecho de que su forma de beber te haga infeliz no es algo que debas ocultarle. Lo único es que debes decírselo de una manera que no genere polémica, y sobre todo, con tu actitud. Así pues, Holly *le dijo* a Dan cómo se sentía y *se lo demostró* al salir de la habitación. Esto es parte del proceso de motivar a tu ser querido a que se prepare para el cambio. Si, en este caso, Dan hubiera tenido curiosidad o hubiera estado molesto por la conducta de Holly y la hubiera seguido a la recámara para preguntarle qué pasaba, eso hubiera presentado una buena oportunidad para que hablara con él acerca de sus expectativas e ideales respecto de su relación.

Resumen de acciones

Este capítulo presenta el componente fundamental del programa de las *Alternativas*. Al identificar los desencadenantes y consecuencias de la bebida de tu ser querido, y al aprender a hacer un mapa de su conducta, te has situado a manera de tener una visión global. Ya no debes sentirte victimizado por los acontecimientos que siempre parecen estar fuera de control. Puedes entender qué desencadena y perpetúa estos acontecimientos; cambia tus reacciones y, de este modo, modificarás el resultado. Date tiempo para hacer un mapa de los modelos de bebida más problemáticos y, paso a paso, plantea una solución a cada problema. Si puedes pedirle a un amigo, un familiar o un terapeuta que te ayude a generar soluciones, mucho mejor. A veces las ideas de otras personas pueden ser esclarecedoras, y otras veces pueden hacerte sentir mucho más perspicaz.

Recapitulando

- Identifica los desencadenantes y consecuencias de la bebida de tu ser querido para diseñar un mapa de camino hacia la sobriedad.
- Los desencadenantes = razones para beber (por ejemplo, sucesos, ideas y sentimientos).
- Las señales de la bebida = tu ser querido ya ha tomado una copa (o dos).
- Consecuencias = resultados de la bebida (tanto positivos como negativos).
- Mapa de caminos = herramienta que utilizas para entender cómo los desencadenantes y las consecuencias trabajan al mismo tiempo, y cómo puedes cambiarlos.

Kathy y Jim: el mapeo de nuevos modelos

Una de las cosas que más le preocupaban a Kathy era la tendencia de Jim a detenerse por una bebida con sus amigos en el camino a casa. Pasó años peleando con él por esto, y en el proceso, se ofendieron terriblemente. Llegó el punto en que el tema era tan delicado que Kathy no podía tocarlo sin el riesgo de una violenta pelea.

Kathy hizo un mapa de los acontecimientos que típicamente llevaban a Jim a detenerse por un trago y llegar a casa tarde y hecho un inútil. Se dio cuenta de que esto por lo general sucedía los días en que Jim le llamaba para decir que llevaría a Charles, su amigo, a su casa porque su auto estaba (otra vez) en el taller. Cuando los dos se subían al auto, parecía que el vehículo iba en piloto automático derecho al bar. Una vez ahí, según Jim, él le pagaba a Charles un trago y después Charles le devolvía el favor. Después de dos bebidas, solían decidir que tenían tiempo para un rápido juego de billar, ordenaban otras bebidas y entonces simplemente se olvidaban de que debían ir a algún lado. Para el momento en que Jim se acordaba de su familia, ambos estaban ebrios. Jim llegaba tarde, Kathy estaba furiosa y la noche echada a perder.

Kathy trazó un mapa de esta situación, marcó cada hecho entre la descompostura del auto de Charles y que ella y Jim pelearan por ello cuando él llegaba a casa. El solo ver todo eso nítida y ordenadamente dispuesto hizo que Kathy se sintiera un poco menos impotente. Entonces se sentó y redactó muy claros enunciados de los problemas de cada punto en el mapa (véase el Capítulo 8). Tenía, así, un enunciado para el auto de Charles, para la oferta de Jim de manejar, para la decisión de ir a beber, etc. En relación con el auto de Charles, se dio cuenta de que no podía hacer nada al respecto. Ella y Jim difícilmente estaban en la posición de prestarle dinero para un auto nuevo, pues ninguno tenía dinero de sobra para prestar. (¡Cómo lo hubiera deseado!) Así pues, pasó al hecho de que Jim le llamaba para decirle que llevaría a Charles a su casa. Kathy ideó una larga lista de soluciones para esto, desde amenazar a Jim con dejarlo si este no le decía a Charles que le pidiera a alguien más que lo llevara a su casa, hasta ofrecerse ella misma a hacerlo. La solución que finalmente aplicó fue decirle a Jim que prepararía su plato favorito e invitaría a Charles. Esto convirtió "la problemática Charles" de algo negativo en algo potencialmente positivo. Entonces le dijo a Jim que la cena estaría lista justo a las 5:30 (la hora en que él llegaba a casa si no se detenía por un trago) y que por favor llegara a tiempo.

La primera vez que intentó esta estrategia, Jim y Charles llegaron hasta las 6:30. A esa hora, la cena estaba fría y Kathy empacó sus cosas y las de los niños para pasar la noche en casa de una amiga. Dejó una nota en la mesa que decía que había esperado hasta las 6:00. La siguiente vez que Jim llamó para decir que iba a llevar a Charles, Kathy repitió la estrategia, pero le recordó a Jim que no lo esperaría si se detenía a tomar un trago. Él prometió ir directo a la casa, y lo cumplió. Cuando llegó, Kathy tuvo cuidado de hacerlo sentir bien por haber llegado a casa y no amonestarlo con el dedo, con el ademán de te-lo-dije, respecto de la última vez que él arruinó todo. Se aseguró de que todos tuvieran una cena agradable y le dijo a Jim que disfrutaba mucho su compañía. (Es importante notar que Kathy escogió esta estrategia en particular porque ella sabía cuánto valoraba Jim las cenas familiares. Si estas no fueran importantes para él, este plan no hubiera funcionado).

Aunque Kathy consideraba injusto que ella tuviera que lograr que todo fuera agradable, se recordaba a sí misma que este era un pequeño precio que pagar con tal de contar con un mapa hacia una vida mejor para su familia. Su meta final bien valía la pena el esfuerzo de hoy.

Capítulo 3
Actúa sobre seguro

Beth y su papá

Beth sabía que su padre tenía su genio. Sin embargo, cuando ella era más joven, por lo general lo calmaba con un abrazo o una disculpa. Pero cuando perdieron a la mamá de Beth, las cosas empeoraron. Conforme arreciaba su consumo de bebida, lo hacía su carácter. Los abrazos y excusas de Beth ya no lo tranquilizaban. Esta situación tocó fondo una noche cuando su padre dio de puñetazos a la mesa y la amenazó durante una discusión. Un par de veces después de eso llegó a empujarla contra la pared al salir violentamente de la habitación. Por primera vez en su vida Beth en verdad tuvo miedo de su padre. Sabía que antes de hacer cualquier cosa para "componer" su relación, debía ocuparse del hecho de que él era una amenaza para ella.

Es común que el alcohol y la violencia vayan de la mano. Así como el alcohol puede convertir a alguien tímido en un persona sociable y al alma de la fiesta en un bulto, puede transformar a una persona ecuánime en un rabioso puño o algo peor. El paso más importante en el esfuerzo por mejorar tu vida consiste en garantizar que tú y otros miembros de tu casa estén seguros.

Ya sea que alguna vez tu bebedor haya sido violento (física o verbalmente) o no, es muy aconsejable que te tomes el tiempo para leer este capítulo y te prepares para lo peor. Si no has vivido el problema de la violencia, sinceramente esperamos que sigas sin experimentarlo. Si "lo peor" nunca llega a suceder, bien valdrá la pena ese sacrificio para tener el privilegio de decir que nunca tuviste necesidad de usar tu "plan para el peor de los casos". Por otro lado, si las cosas se ponen violentas, sabrás qué hacer para protegerte y proteger a aquellos de quienes eres responsable. También vale la pena tener en cuenta que las técnicas para reconocer los signos de alerta de la violencia son igualmente útiles para reconocer los signos de alerta de explosiones de ira o de hartazgo, así como de la avidez por beber, etcétera.

Comenzaremos por hablar acerca de lo que en realidad significa la violencia y seguir las instrucciones detalladas para desarrollar un plan de fuga, reconocer signos de alerta y reaccionar ante ellos, y diseñar una estrategia para responder ante la violencia si esta hace erupción.

Como es imposible abarcar todas las situaciones de peligro, necesitarás pensar detenidamente acerca de tus experiencias. Si la situación que mencionamos no describe con exactitud la tuya, pero te suena vagamente familiar, detente y analízala. Puede hacerte recordar una experiencia que encaja con el concepto que estamos planteando, aunque no necesariamente con las mismas palabras.

Si en tu casa se ha producido violencia y tienes miedo, ándate con pies de plomo. Esto no es una carrera. Evalúa con cuidado cualquier cambio que consideres en función de los riesgos de desencadenar la violencia. Discútelos con un terapeuta, si tienes acceso a uno. Por seguridad, haz tus planes esmerada y oportunamente.

¿Qué es la violencia?

Antes de que resuelvas que se trata de una tontería, responde un cuestionario. Decide cuáles de las siguientes situaciones es violenta o no violenta.

1. Tu ser querido llega oliendo a alcohol a la fiesta anual de tu empresa. Cuando lo interpelas acerca de eso, él te da un empujón y se va hacia el bufé.

2. Le preguntas a tu esposo por qué llegó tarde a cenar. Él comienza a gritarte que eres una bruja dominante y que él debería cerrarte el pico de una vez por todas. Continúa pegando de gritos y ofendiéndote hasta que te vas de la casa.

3. Tu esposo y tú están en medio de una acalorada discusión cuando tu hija pequeña entra en la habitación quejándose de su hermano. Tu esposo le grita que le han dicho cientos de veces que no interrumpa y que ahora sí tendrá algo de qué quejarse realmente. Le da a la niña una nalgada lo suficientemente fuerte como para que tú escuches.

4. Mientras revisas el estado de cuenta de la chequera, le preguntas a tu compañero acerca de todos los retiros del cajero automático. Se pone hecho una furia por tu falta de confianza y porque él aporta a la casa el mismo dinero que tú, así que no te importa en qué lo gasta. Conforme la discusión aumenta, avienta la taza de café a la pared y sale violentamente de la cocina.

5. Durante una cena con unos amigos, tu esposo ha bebido demasiado. Ya en casa, a solas, estás

llena de furia y se lo dices. Él contesta que trabaja muy duro para mantener a la familia y no tienes ningún derecho a cuestionarlo. Te dice que
te calles o él te callará.

6. Vas al bar en el que tu esposa está bebiendo
   para llevarla a casa. Ella se mofa de ti por ser
   un aguafiestas y te avergüenza en público. Cuando te acercas para tomarla del brazo, te da una
   bofetada.

Si marcaste alguna de las situaciones de arriba como
no violenta, es hora de que replantees qué entiendes
por violencia. (También ten en mente que esta lista no
describe todas las formas de violencia). Esta es la definición del Diccionario Webster:

Violencia, sustantivo. **1 a:** Uso de la fuerza física
para lastimar o maltratar. **b:** Una ocasión de trato
o procedimiento violento. **2:** daño causado por o
como si fuese causado por distorsión, violación
o profanación: Ultraje **3 a:** acción o fuerza intensa,
turbulenta o furiosa y muchas veces destructiva. **b:**
sentimiento o expresión vehemente: Fervor **c:** calidad
de discordante o irritante: Discordancia **4:** alteración
excesiva.

Advierte que la violencia es más que solo pegar o
empujar. También es dañar por distorsión (como convertir en algo odioso tus palabras al tergiversarlas)
y profanación (echarte pestes). La violencia es cualquier fuerza destemplada y destructiva (como aventar
cosas), igual que una discordancia vehemente (como

amenazarte con cerrarte la boca de una vez por todas). En otras palabras, todas las situaciones arriba descritas son violencia.

Contrariamente a lo que algunos programas de televisión y películas pueden sugerir, la violencia *no es* una parte inherente al amor o la sexualidad. Tampoco es un "derecho" de los padres sobre sus hijos ni de los hijos sobre sus padres. Nadie te golpea, amenaza con golpearte o abusa verbalmente de ti porque te ama. De hecho, la violencia no tiene nada que ver contigo. Solo tiene que ver con la persona que arremete contra quien sea. La violencia te indica que esa persona está frustrada y enojada, ha perdido el control de sus emociones y acciones, y está ciento por ciento enfocada en sí misma. No le importas más que como blanco de sus ataques. Sí, tal vez fuiste parte de la escena que desencadenó la violencia, pero no su causa.

No necesitas cambiar, ser mejor esposo, compañero, hijo o padre para merecer un trato no violento. Es tu derecho. Ahora. Así pues, si tu bebedor alguna vez ha sido violento contigo o con aquellos a quienes quieres, el único que ha estado fuera de lugar es él, sin importar lo que hayas hecho que formó parte de la escena desencadenadora. Incluso si dijiste o hiciste algo hiriente, nada justifica el uso de la violencia como medio para expresar sufrimiento. Te aseguramos que otras personas han hecho lo mismo que tú en situaciones similares, y no han sido sujetos de violencia. Tampoco tú debes aceptar la violencia. Piensa qué comportamiento de tu ser querido aceptarás y cuál no. Es tu decisión.

El plan de protección

Antes de hablar acerca de cómo reaccionar ante la violencia, pongamos en práctica un buen plan con una salida de emergencia.

El primer paso para crear una salida de emergencia es tener la certeza de que tienes, literalmente, hechas las maletas. Empaca en una pequeña maleta o bolsa las pertenencias que necesitarás durante dos o tres noches fuera de casa. Asegúrate de incluir una muda de ropa, artículos de higiene personal (aspirinas, pasta de dientes, etc.), dinero, números telefónicos, documentos importantes y un juego adicional de llaves. Si tienes hijos o alguien más de quien seas responsable, también haz sus maletas.

Una vez que tengas la maleta preparada, guárdala en el auto o en una casa de resguardo, es decir, cualquier lugar en donde puedas permanecer y a tu bebedor le sea negada la entrada. Además de las casas de amigos de confianza o familiares, una buena casa de resguardo incluye albergues para víctimas de violencia intrafamiliar o cuartos de hotel. Si participas en un programa de los Doce Pasos, alguno de sus miembros o tu padrino pueden ser de utilidad. Si contigo viven niños, es importante considerar sus necesidades de protección cuando escojas una casa de resguardo.

Tal vez te sea difícil seleccionar a un amigo o familiar de confianza. Todos los meses y años de proteger al bebedor, sobrevivir al bebedor y sentir vergüenza a causa del bebedor pueden haberte dejado bastante aislado. Hablaremos más acerca de cómo combatir el aislamiento en un capítulo posterior, pero por ahora piensa en quiénes puedes confiar. ¿Se te ocurren los nombres de amigos o parientes dispuestos a hacer de su hogar tu casa de resguardo? Si es así, hoy mismo háblalo con ellos. Si no, existen organizaciones locales especializadas dispuestas a ayudarte. Saca el directorio telefónico y busca albergues para víctimas de violencia intrafamiliar, centros de ayuda psicológica, refugios para mujeres, centros contra la droga y el alcohol, grupos de apoyo, organizaciones civiles, el departamento de policía y grupos religiosos que proporcionan ayuda a gente envuelta en conflictos de violencia intrafamiliar. Si tu directorio telefónico no tiene registrada ninguna organización que parezca estar preparada para ayudarte, llama al departamento local de policía o a la institución pública de servicios sociales y pide que te recomienden casas de resguardo en tu comunidad. Existen. Encontrarlas quizá requiera un pequeño esfuerzo. Y en cuanto a la vergüenza por pedir ayuda, no eres quien incurre en un comportamiento socialmente inaceptable, sino quien asume su situación con sensatez.

Si es posible, anota más de una casa de resguardo. En circunstancias ideales deberías tener varias casas de resguardo previstas, en caso de que alguna no esté disponible cuando la necesites, o que tu bebedor se las haya ingeniado para abrirse camino para entrar en ella.

Con tu maleta de fuga preparada y una casa de resguardo seleccionada, estás listo para apartarte de una situación peligrosa si llega a presentarse. Al trabajar en los ejercicios siguientes de este capítulo deberías poder desactivar la mayoría de las situaciones antes de que lleguen a ese punto, pero si ha sido inevitable, puedes dejar atrás la puerta de tu casa y tener algún lugar al cual llegar.

Si te encuentras en una situación violenta o potencialmente violenta sin escape posible, llama al teléfono
de emergencia. La policía tiene experiencia en el manejo de la violencia intrafamiliar y por lo general estará
en posibilidad de sacarte sano y salvo de la situación y
ayudarte a buscar un sitio seguro a dónde ir.

Si abandonas tu hogar pero necesitas regresar por
algunas pertenencias, asegúrate de conseguir el auxilio
de la policía. No tiene sentido hacer todo lo posible
para salir seguro tan solo para dar la vuelta y regresar al
berenjenal.

En algunos estados, las víctimas de violencia pueden solicitar órdenes de restricción ante los tribunales
locales. Una orden temporal de restricción no es una
solución, como el término lo indica, permanente, pero
tiene la finalidad de mantener a la persona violenta ale-
jada hasta que las cosas se calmen.

Evalúa el potencial de violencia

Las probabilidades de que tu bebedor se ponga violento están fuertemente relacionadas con su comportamiento previo. Si ha sido violento antes, hay grandes
posibilidades de violencia en el futuro. Advierte que dijimos *posibilidades*. Un pasado violento no obliga a un
futuro violento, como tampoco un pasado no violento
garantiza un futuro no violento. En ambos casos, la responsabilidad de protegerte a ti mismo es tuya. Solo la
acción puede mantenerte a salvo.

Evaluar el riesgo de violencia comienza con revisar
el pasado. Tómate un momento y piensa acerca de la

vida con tu bebedor a lo largo de los años, y realiza la siguiente actividad. A continuación podrás ver cómo Beth la llevó a cabo.

Actividad 7. Síguele la pista a la violencia

Anota cada episodio violento que recuerdes. Esto incluye gritos, empujones, amenazas verbales, amenazas físicas, golpes, patadas, que te pongan la mano encima, golpes con un objeto, romper cosas, amagarte con un arma o cualquier hecho de abuso sexual. Una vez que tengas una lista que parezca completa, redacta cuántas veces recuerdas que sucedieron esos actos violentos. Aquí está lo que apuntó Beth.

Actos violentos	Cantidad de veces
Maldecir e insultar; culparme de todos sus problemas	¡Docenas! Tres o cuatro veces a la semana durante meses
Que a empujones te quite de su camino	De diez a doce (bruscamente, una a la semana durante los últimos tres meses)
Arrojarme contra el sofá	Una
Aventar cosas	Una

Ahora revisa tu lista y marca con un círculo los episodios que sucedieron en los últimos seis meses. Estos son comportamientos para los cuales necesitas, primordialmente, reconocer las primeras señales de alarma. Ya sea que tu lista sea larga o contenga un solo incidente, estás en riesgo.

Reconoce los signos de alerta

Los actos violentos no vienen de la nada. Borbotean al igual que una tetera que se pone a hervir. La tetera no burbujea ni pita cuando apenas la pones al fuego. Comienza en frío y se calienta gradualmente, hasta que finalmente el vapor sube y comienza a pitar o la tapa sale volando. De manera similar, casi siempre existe una secuencia de acontecimientos que cobran intensidad hasta que se manifiestan en un estallido físico o verbal.

Desde tu perspectiva, tal vez la violencia de tu bebedor parezca surgir porque sí. Esto se debe a que estás tan cerca que es difícil verlo claramente, como si estuvieras parado en tu patio y quisieras ver la redondez de la Tierra. Necesitas cierta distancia para apreciar la forma de nuestro planeta. Podemos comenzar por darte la perspectiva que necesitas respecto de la violencia mostrándote las situaciones de otras personas. Comencemos por la interacción de Carla y Jack la última vez que él llegó tarde del trabajo a casa y había estado bebiendo. Observa la gradual progresión de los acontecimientos que llevaron de la no violencia a la violencia.

Paso 1: Jack hace acto de presencia dos horas tarde para la cena. Estuvo en la hora feliz del bar local y está algo ebrio.

Paso 2: Carla dice: "Bueno, otra vez lo hiciste: arruinaste nuestra cena y demostraste que eres un padre irresponsable".

Paso 3: Jack dice: "Lo siento" y se acerca para abrazar a Carla, quien se pone tensa. Jack comienza a enojarse y agrega: "Tuve que ver a unos tipos de la planta para hablar de negocios. Era un asunto de trabajo".

Paso 4: Carla responde: "Estoy cansada de tropiezos en la cantina relacionados con el trabajo. Al menos hubieras llamado. Estaba preocupada".

Paso 5: Jack dice: "Vete al demonio. Empiezas a ser insoportable. Te dije que era un asunto de trabajo. Estoy cansado y no quiero oír más".

Paso 6: Carla dice: "Sé que no te importo, pero lo cierto es que nunca me dices dónde estás. Me alarmas".

Paso 7: Jack contesta: "Si oigo una palabra más, me regreso al bar y te enseño lo que es estar verdaderamente borracho. Ahora lárgate de aquí o te daré una paliza. ¿Dónde está mi cena?".

Toda esta interacción duró un minuto y para Carla y Jack fue un incidente aislado. Para Carla, el caso fue que Jack llegó tarde a casa; para Jack, que Carla lo molestó. Sin embargo, puedes ver que sucedió una serie de cosas, además de que Jack llegó tarde y Carla se quejó. Jack trató de esgrimir una disculpa y ella no la aceptó. Él se enojó más y ella también. Carla pidió respeto a sus sentimientos y él la ignoró. Carla trajo a colación problemas anteriores ("sé que no te importo, pero…") y él la amenazó con pegarle. Fue una secuencia rápida pero contundente que terminó en una amenaza y potencial violencia física.

En este ejemplo puedes ver fácilmente cómo brota la violencia. Dividir la interacción en pasos como estos también ayuda a identificar los momentos en que la escalada de violencia pudo haberse detenido. Carla pudo haber frenado su avance en el paso 4, o en el 6, ya fuera cambiando el tema o proponiendo una frase positiva o receptiva (véase el Capítulo 9). Recuerda: Jack estaba ebrio, de modo que no era sensato pensar que se podía razonar con él. A pesar de todo, el dolor y el enojo de Carla se impusieron y ella continuó discutiendo aunque ya no tenía sentido y, en última instancia, también era arriesgado. *Carla no es el problema, pero puede comenzar con la solución.* Para ir al grano debe aprender nuevas formas de interactuar con Jack, aunque eso signifique retroceder incluso cuando sabe que está en lo correcto. Generar este cambio le dará a Carla mayor control sobre la situación y hará que las cosas vayan en un sentido más positivo. Pasado el peligro tendrá amplia oportunidad de expresarse y asegurarse de que se satisfagan sus exigencias. Sin embargo, en este momento la seguridad es la necesidad primordial.

Aprende a estar pendiente de los signos de alerta de violencia potencial. Los signos de alerta son frases, expresiones o conductas que típicamente preceden a un acto violento. Miradas penetrantes o movimientos erráticos son ejemplos de posibles signos de alerta. En nuestro ejemplo, la frase de Jack: "Estoy cansado y no quiero oír más" pudo haber sido el signo de alerta que Carla no entendió. También pudo haberse puesto en alerta ante la posible violencia cuando el lenguaje de Jack se volvió más escabroso ("vete al demonio" y "empiezas a ser insoportable").

Sabemos que al calor del momento es imposible analizar cada frase y cada acto. Sin embargo, pensar detenidamente acerca de los signos de alerta antes de que se presenten incrementará tu capacidad de percibirlos.

Observemos de nuevo a Jack y Carla y a ver si notas algún signo de alerta que Carla no haya entendido. Carla y Jack están preparando una cena para celebrar el aniversario de bodas de los padres de Carla. Jack se ha resistido a invitarlos porque piensa que él no les agrada. Es domingo en la tarde y Jack ha estado bebiendo.

Carla: Bien sabes que les agradas a mis padres. Tan solo no entienden por qué bebes tanto.

Jack: No quiero escucharlo. Tus padres siempre me han odiado. Creo que están celosos de que me llevé a su preciosa hija. No los quiero aquí. Llévatelos a un puesto de hamburguesas.

Carla: Sé que a veces te es difícil convivir con mis padres, pero les agradas. Hace casi un año que no los invitamos y esta es una ocasión especial.

Jack: Es mi casa, yo pago la maldita hipoteca y digo que aquí no entran. Punto final.

Carla: Por favor, Jack. Esto es importante para mí. ¿No podemos hacer algo agradable por ellos solo por esta vez?

En este momento, Jack avienta su cerveza contra la pared y vuelca la mesa.

Jack: Si sale una palabra más de tu boca acerca de esa estúpida cena lo lamentarás. Ahora,

arregla este desastre. Me voy… ¿Tienes algo
más que decir?

¿Puedes ver los signos de alerta? Ciertamente obser-
vaste qué tan rápido la ira toma el control de la situación. De un momento a otro, Carla está suplicando por
una cena agradable con sus padres y lo siguiente es un
vaso roto y la cerveza regada por toda la habitación.
Pero ¿qué sucedió en medio?

Si ves cuidadosamente esta interacción, encontrarás
varios signos de alerta que Jack, si bien involuntaria-
mente, envió. Tal como lo hizo en la anterior discusión,
le hizo saber muy pronto a Carla que ese tema era terreno resbaladizo, del que "no quería escuchar" nada. En
ese momento Carla pudo haber prevenido el desenlace
cambiando de tema. Después del primer signo de alerta,
el lenguaje de Jack se volvió más escabroso mientras des-
potricaba contra la "maldita hipoteca". Carla pudo haber aprendido a descubrir este modelo en el diálogo de
Jack, y ver en la aparición de maldiciones un claro signo
de alerta de que él estaba a punto de estallar. Al ver este
signo, Carla pudo haber evitado el desastre haciendo a
un lado sus prioridades del momento, dando marcha
atrás o diciéndole a Jack algo conciliador.

Planea cómo responder a los signos de alerta

En este momento tal vez te sientas un tanto contraria-
do pues parece que estamos sugiriendo que te rindas
ante el absurdo comportamiento del bebedor. No es
así. Al contrario, te estamos ayudando a aprender cómo

manejar tu propio comportamiento para protegerte y seguir trabajando hacia el mejoramiento de tu vida y tu relación. Una cosa es que te hayas propuesto un plan y otra muy distinta acabar con la nariz rota: no vale la pena. Esta es una de esas situaciones en las cuales es apropiado el dicho: "perder la batalla para ganar la guerra".

Aprende cuándo transigir para mantenerte a salvo. También recuerda tus metas de largo plazo. Si quieres pasar más tiempo sin bebida con tu ser querido o influir en cuánto bebe, tal vez te veas obligada a dar un poco más al principio para disfrutar mayores beneficios al final. Además, en esta relación has consumido suficiente dolor emocional como para que necesites aunarle el dolor físico. Nada que te provoque moretones o huesos rotos vale la pena.

El siguiente ejercicio puede ser un tanto difícil pero es necesario que te demos la perspectiva que requieres para reconocer los signos de alerta de tu bebedor. Lee cómo Beth realizó la actividad, y después haz la tuya en tu cuaderno.

Actividad 8. Identifica los signos de alerta

Recuerda la situación violenta, o cercana a la violencia, más reciente que haya ocurrido. Describe todos los detalles que puedas. Piensa en qué estabas haciendo, dónde te encontrabas, cómo te sentías y qué estabas pensando. Trata de recordar qué provocó el problema. ¿Cómo escaló? Anota quién dijo y quién hizo qué. También trata de recordar qué cariz emocional tenía la interacción. Estos antecedentes, o desencadenantes, que dan origen a la dificultad son hechos importantes que deben revisarse.

En cuanto hayas recreado la situación lo mejor posible, examina cada pieza para determinar qué pudiste haber hecho de manera diferente para evitar la violencia. En otras palabras, tal y como examinamos los escenarios de Jack y Carla en busca de signos de alerta, examina los tuyos para descubrirlos. Regresa a tus notas y encierra en un círculo los signos de alerta que hayas identificado. Ve cómo Beth (del ejemplo al principio del capítulo) representó en su mapa lo que le sucedió cuando su papá llegó a casa borracho, se tiró en la cama, durmió hasta que sonó la alarma en la mañana y se negó a levantarse para prepararse e ir a trabajar. Los signos de alerta de Beth están en **negritas**.

Quién	Dijo	Hizo	Emoción
Beth	"Papá, ya es tarde. Levántate".	Tocó su hombro para despertarlo.	Molestia
Papá	**"Lárgate".**	Se dio la vuelta.	
Beth	"Tienes que levantarte, o perderás este trabajo, como perdiste el anterior".	Se encogió de hombros.	Enojo, preocupación
Papá	"Dije que te **fueras**".	Me miró con **enojo.**	**Enojo**
Beth	(En voz alta) "Vas a hacer que perdamos nuestra casa".	Empujó su hombro.	Furia
Papá	(A gritos) "Te dije que te **largaras**".	Salió volando de la cama y me pegó.	**Furia**

En cuanto hayas identificado los signos de alerta, debes entender cómo usarlos para protegerte. La actividad 9 te ayudará a hacerlo.

Actividad 9. Respuestas más seguras ante los signos de alerta

Registra aquí cada signo de alerta de la actividad 8 y piensa qué pudiste haber hecho de manera diferente para evitar que aumentara la tensión y prevenir la violencia. Enseguida de cada signo de alerta redacta qué pudiste haber dicho o hecho para evitar la explosión. En otras palabras, planea tus respuestas seguras a los signos de alerta. Ve cómo Beth llevó a cabo la actividad.

Signo de alerta	Respuesta más segura
Me dice que me largue.	Digo: "Solo quería asegurarme de que supieras qué hora es". (¡Y realmente me iré!)
Me fulmina con la mirada.	Digo: "Entiendo que no quieres oír esto. Me iré ahora mismo".

El siguiente ejemplo también te presenta cómo Carla pudo haber realizado las actividades 8 y 9 para otra situación con Jack.

Notas de Carla a la actividad 8

Quién	Dijo	Hizo	Emoción
Carla	"Has estado bebiendo de nuevo y llegas tarde para cenar".	Estoy de pie en el fregadero.	Dolor
Jack	"Bueno, ya estoy aquí, así que **déjame en paz**".	Se sentó a la mesa, me miró con **enojo**.	?
Carla	"La cena se echó a perder, y de nuevo decepcionaste a los niños".	Me quedo frente al fregadero.	Sufrimiento, ira
Jack	**"¡No quiero oír más!".**	Dio un **ruidoso manotazo** sobre la mesa.	Ira
Carla	"Nunca quieres escuchar".	Lloro.	Sufrimiento, ira
Jack	**Maldiciendo.**	Barrió con los platos de la mesa y me asió con fuerza del brazo.	Furia

Notas de Carla a la actividad 9

Signo de alerta	Respuesta más segura
"Lárgate", mientras la mira encolerizado.	Cambiar de tema.
"No quiero oírlo" y da un ruidoso manotazo sobre la mesa.	Decir "Está bien" y cambiar de tema.

Conforme aparecía cada signo de alerta, Carla optó simplemente por dar marcha atrás, lo cual funciona bien y ataja el peligro inminente. Sin embargo, todavía necesita resolver su propia frustración y dolor respecto de la situación. Como no es buena idea tratar de hacerlo cuando Jack está izando las señales de alarma, sería provechoso contar con un plan que la hiciera sentir mejor. Podría, por ejemplo, llamar a su hermana para decirle lo bien que manejó la situación (un poco de alarde la haría sentir bien), salir a cenar, llamar a un padrino del programa de los Doce Pasos o descargar su frustración de otra —segura— manera. También ten en mente que, en última instancia, mejorar la relación y deshacerse del problema de bebida será más satisfactorio que cualquier gratificación inmediata que puedas obtener por armarle un griterío a tu bebedor.

Ahora que has comenzado a identificar los signos de alerta de tu ser querido, has tomado conciencia para estar atento a ellos. La próxima vez que tú y tu bebedor se enfrasquen en una discusión observa estos signos, y cuando los veas, ¡*no los ignores!* Por supuesto, la pregunta incómoda es ¿cómo cambiar de rumbo cuando ves esas señales y estás enojado y atrapado en la discusión? Continúa leyendo.

Ensaya las respuestas seguras

Los signos de alerta no solo te advierten del peligro, sino también hacen algo más: que te hierva la sangre. Cuanto más enojado y beligerante se pone tu bebedor, más te enojas tú. Por lo tanto, tienes un doble reto:

reconocer los signos de alerta y controlar tus propias emociones para que respondas de forma segura.

La mejor manera de lograr un inmediato control de tus emociones en esas situaciones es prepararte para ellas. Ya has tenido suficiente preparación con las actividades 8 y 9. Ahora escoge una señal que puedas darte a ti mismo cuando aparezca un signo de alerta y te recuerde que la discusión del momento no es tan importante como tu seguridad y tus objetivos a largo plazo respecto de esta relación. Por ejemplo, puedes decirte a ti mismo: "¡Signo de alerta! ¡La seguridad es primero!".

Ahora que has identificado algunos de los signos de alerta más importantes, así como entendido maneras seguras de reaccionar ante ellos, ayúdate mediante la práctica. Toma unos momentos cada día para imaginar las situaciones desagradables que describiste en la actividad 8 y visualízate reviviéndolas, pero esta vez respondiendo con tu frase asertiva y las conductas que anotaste en la actividad 9. Mientras más veces ensayes esto mentalmente, más fácil será hacerlo en la vida real.

En qué momento es muy tarde

Si los signos de alerta van y vienen y te descubres como la víctima de un arranque de violencia, todavía hay algunas acciones que puedes emprender para auxiliarte. Primero, admitir que un arranque puede ser un signo muy claro de que es el momento de concluir una discusión. Los huesos rotos no te ayudarán a realizar tu plan.

Si puedes, salte de la casa o departamento hacia un lugar abierto donde los demás vean lo que está pasando.

En el mejor de los casos, reaccionarán y acudirán en tu ayuda o pondrán a salvo a los niños. En el peor de los casos, pueden ser citados como testigos.

Recuerda siempre que la policía está a solo unos números de distancia. Llama al teléfono de emergencias, o mejor aún, prográmalo en los números de marcación rápida con el fin de que teclees menos en el momento en que requieras ayuda: incluso si no puedes permanecer en la línea para proporcionar información a la policía, el sistema rastrea tu llamada telefónica hasta tu dirección, y llegará la ayuda.

Di cuanto sea necesario para aplacar a tu agresor. Si lo que quiere escuchar es que tú estás mal y él está bien, díselo. Si te ofrece una disculpa o te exige dinero, acéptala o dáselo. Haz lo que sea necesario para impedir el ataque. Ya cuando finalice y estés a resguardo harás lo necesario para recuperar tu ego o tu dinero. Durante el ataque, el único objetivo importante es ponerle fin.

Si la experiencia te ha enseñado que cuando tratas de ser comprensivo tu bebedor lo interpreta como ser condescendiente y acrecienta su enojo, entonces usa tu sentido común al responder. Quizá solo necesites dejar la casa cuando veas los primeros signos de alerta, aunque solo sea para evitar una situación potencialmente riesgosa. Haz lo que sea necesario. Ponte a salvo.

Resumen de acciones

Si ya hiciste todos los ejercicios de este capítulo, habrás dado un importante paso hacia adelante. Al ponerte a salvo y a aquellos de quienes eres responsable podrás disponer de tu energía para enfocarte en lograr los cambios que deseas.

En este momento, si hay riesgo de violencia deberías tener una maleta de fuga preparada y debidamente guardada. Si ya previste una casa de resguardo, podrías dejar allí tu maleta de fuga. Si no, guárdala en tu auto o en la casa de un vecino. *¡Que encontrar una casa de resguardo sea tu prioridad!* No esperes hasta que tus hijos estén aterrados y tu nariz sangrando para resolver a dónde irás. Debes saberlo de antemano e irte con la confianza de que en verdad será un lugar seguro.

Revisa el trabajo que hiciste en las actividades 8 y 9 y ensaya mentalmente tus nuevas respuestas seguras a los signos de alerta. Mantente atento a esos signos y aprovecha tus nuevas habilidades para que el desenlace sea diferente del común. Tienes el mismo derecho que todos los demás a ser tratado con dignidad y sentirte seguro en tu propia casa. Si el problema se agudiza y toma un rumbo que no puedes cambiar, vete y llévate a los familiares que tienes a tu cargo a la casa de resguardo. Cuando las cosas se calmen decidirás cuál es el siguiente paso; lo primero, lo más importante, es estar a salvo.

Recapitulando

- Empaca la maleta de fuga y alístate para salir de casa.
- Anota respuestas seguras a los signos de alerta de violencia.
- Debe existir una casa de resguardo lista y esperándote cuando la necesites.

Kathy y Jim: fuera de la oscuridad

La única vez que Jim golpeó a Kathy ella se asustó tanto que trató de evitar todo enfrentamiento posterior. Entretanto alcanzaba el objetivo de impedir otro encontronazo con su puño, no podía hacer nada para hablar con él acerca de sus problemas. Vivía, por decirlo así, en un agujero negro de aprensión.

Cuando Kathy decidió que las cosas ya habían llegado suficientemente lejos y que deseaba algo diferente de la vida, entre lo primero que tuvo que hacer fue superar ese terror hacia Jim que la paralizaba. Al hacer un cuidadoso análisis de la situación de violencia que la había amedrentado, y de otras experiencias de violencia verbal, identificó un par de signos de alerta que Jim dejaba ver cuando perdía el control. El primero era que él decía: "No puedo con esto". A pesar de que Kathy había escuchado la frase muchas veces, siempre interpretaba que eso significaba que él no quería molestarse en tratar ese problema. Al anotar sus interacciones con él y analizarlas como te hemos enseñado a hacerlo en este capítulo, Kathy se dio cuenta de que Jim no podía manejar la discusión, y el que lo dijera era el primer indicio de que estaba perdiendo el control. Otro signo de alerta que identificó fue justo antes de que la golpeara: comenzó a trabar y aflojar los puños, como si hubiera una tensión de la que no podía librarse, y a pasearse de un lado a otro, cada vez más rápidamente.

Además de identificar los signos de alerta, Kathy preparó bolsas con ropa de ella y de los niños para un día y las dejó en casa de su hermana. Tanto esta como su cuñado estuvieron de acuerdo en facilitarle una casa de resguardo en caso de que la necesitara.

Cuando se aseguró de tener algún lugar a dónde ir, confiada en que sabría en qué momento detener la conversación si fuera necesario, Kathy sintió que finalmente podía relajarse, siquiera un poco, en presencia de Jim. Si bien no se sintió debidamente preparada para confrontarlo o —menos aún— para tratar de cambiarlo, tuvo el arresto de decidir que nunca más volvería a ser su tapete. Ahora sabía que tenía las habilidades suficientes como para ayudarse a mantenerse a salvo. La situación no era tan sombría como había creído. Tenía claro que, a pesar de que nada importante cambió, había dado un gran paso para recuperar el control de su vida.

CAPÍTULO 4
Escoge tu destino

María y Mark

Cuando Mark vino con nosotros en busca de ayuda, estaba tan disgustado con la manera de beber de María que ya casi no podía recordar la razón por la cual se había casado con ella. Mientras más trataba de que abandonara la bebida, más bebía. Ambos peleaban y gritaban constantemente. En la noche bebía para fastidiarlo, pero se despertaba en la mañana sumida en remordimientos y prometía que no volvería a beber. Y a pesar de las muchas veces que había roto esa promesa, Mark se aferraba a esta y esperaba... hasta que la siguiente noche ella llegaba a casa y se embriagaba. A pesar de que Mark hizo todo lo que pudo para demostrarle cuánto la amaba, al bañarla y arroparla con sábanas limpias cuando se sentía mal, llamando a su oficina cuando tenía mucha resaca como para ir a trabajar, y en general haciendo las cosas lo más fáciles posibles para que ella se dedicara únicamente a recuperarse, la situación no se corregía. Solo empeoraba.

Este es un buen momento para detenerse y pensar acerca de lo que quieres lograr con este programa. ¿Que tu vida sea como era antes de que el alcohol se convirtiera en el eje de tu relación? ¿O existen otras cosas que quieras ahora en las que no pensabas entonces? Si pudieras hacer una película que se titulara "Mi vida ideal",

¿cómo sería? ¿Quién estaría en ella? ¿Qué harían los personajes? ¿Cómo se tratarían el uno al otro?

Tener éxito en cambiar tu vida es más fácil si tienes una visión de lo que quieres que llegue a ser. Piensa en aquello que extrañas de los buenos tiempos y cómo te gustaría vivir en el futuro. Antes de que sigas leyendo, tómate unos minutos para explorar tus recuerdos y sentimientos. Entonces realiza la actividad 10. Mira cómo Mark llevó a cabo esta actividad y anota tus propias respuestas en tu cuaderno.

Actividad 10. Mi vida ideal

Completa concienzudamente los pasos A al D. Asegúrate de dar tres ejemplos para cada paso.

A. Describe tres actividades que solías disfrutar con tu bebedor que ya no hacen juntos.
1. *Caminar por las tardes.*
2. *Visitar a la familia.*
3. *Ir a la iglesia.*

B. Describe tres actividades que tu bebedor hace actualmente que te gustaría que dejara de hacer.
1. *Servirse un trago en el momento en que llega a la casa en la noche.*
2. *Mentir acerca de dónde ha estado cuando llega tarde a la casa.*
3. *Se burla de mí cuando le pido que no beba.*

C. Describe tres actividades que tu bebedor hace actualmente que te gustaría que hiciera más a menudo.
1. *Ver la televisión conmigo cuando está sobrio/a.*
2. *Ayudarme con el quehacer en el patio.*
3. *Pasar más tiempo con Nancy (una vecina que es abstemia).*

D. Describe tres actividades que tú y tu bebedor no hayan hecho antes y que te gustaría que hicieran juntos.
   1. *Ir a un concierto de la orquesta sinfónica.*
   2. *Hacer un deporte, como tenis o squash.*
   3. *Cultivar un huerto.*

En breve regresaremos a las actividades que describiste en este ejercicio. Mientras tanto, esperamos que hayas notado algo muy importante acerca de lo que te pedimos que describieras. Te pedimos que describieras actividades, *conductas específicas*, que te gustaría que tu bebedor hiciera o no hiciera. No te dejamos que describieras algo como: "Él debería ser más amable", o "Ella no debería ser tan desagradable". Este tipo de frases son deseos, y mientras que los deseos vienen a tono con las velitas de cumpleaños o las estrellas fugaces, no ayudan mucho en la vida real. Si quieres ver mejorías necesitas concentrarte en conductas específicas. Si tus descripciones de la actividad 10 no exponen conductas específicas, regresa y repite el proceso hasta que lo sean.

Minuciosa, pormenorizadamente, con todo detalle

Claramente, tu objetivo final es que tu bebedor pase menos tiempo bebiendo y más tiempo siendo un compañero o familiar cariñoso. Ese es un objetivo, si bien fabuloso, un poco impreciso. Por ejemplo, ¿cuánto "menos" tiempo? ¿Quieres decir *en ningún momento*? ¿Qué hace o deja de hacer exactamente un "compañero cariñoso"?

Uno de los errores más comunes que la gente comete cuando se prepara para hacer cambios es que no se toma el tiempo para proyectar una imagen detallada de los cambios. Dice cosas como: "Quiero ser más feliz" o "Deseo que mi matrimonio mejore", pero no piensa lo que cabalmente significan esas frases. Por ejemplo, ¿"ser más feliz" quiere decir ganar más dinero, llevar una mejor vida sexual, contar con más amigos o tener el mejor prado de tu cuadra? ¿Es un "mejor matrimonio" aquel en el que los compañeros pasan más o muy poco tiempo juntos? Las frases como "más feliz" y "mejor" son propias para la formulación de deseos, no de objetivos. Estos son descripciones precisas de hacia dónde quieres ir. Sin frases de objetivos específicos es difícil saber qué hacer para dirigirte a tu meta y saber cuándo ya la alcanzaste. La gente que no establece metas claras a menudo se encuentra a sí misma trabajando como loca para llegar a ningún lado. No queremos que eso te suceda a ti.

Convierte los deseos en metas

Hemos descubierto que la mayoría de los cambios que desea la gente que ama a un bebedor pueden agruparse en una variedad de categorías generales, las cuales encontrarás líneas abajo. Piensa cuál es el blanco que quieres alcanzar y en qué categoría encuadra. Mientras lees cada descripción, pon esmerada atención en los ejemplos que damos. Verás que, a pesar de que al principio los títulos de las categorías suenan como objetivos, en realidad solo son instrucciones de hacia dónde quieres ir. Los enunciados de tus objetivos tienen que ser mucho más específicos para que te lleven al éxito. Puedes pensar en tu *deseo* como el barrio al cual te gustaría mudarte, y el *objetivo* como el detallado mapa de caminos que te conducirá a la puerta principal de tu nueva casa.

"Ayudar a mi ser querido a mantenerse sobrio"

Existen varias clases de objetivos que pueden derivarse de este deseo. Hay diferentes formas de definir *ayuda*, así como diferentes formas de definir *sobrio*.

Dependiendo de tu punto de vista, *ayuda* puede entenderse como modificar la conducta de tu bebedor mediante la tarea de ocuparte de la tuya (nuestra definición), o por medio de la muy engorrosa de corregir las conductas indeseables. También puede significar alejarse por completo y abandonar al bebedor para que se las arregle solo o se destruya a sí mismo. Piensa en cómo quieres ayudar a tu bebedor y formula tus objetivos de manera que reflejen eso. Obviamente, nuestra expectativa es que veas la ventaja de aprender a ocuparte de tu propia conducta para que puedas ejercer influencia en tu bebedor en un sentido positivo. Recuerda: en el momento en que cambies tu comportamiento hacia otra persona, cambiará toda la interacción (o reacción).

Proponer una definición de *sobrio* puede ser tan difícil como definir *ayuda*. Para algunas personas, *sobrio* significa nunca más estar en contacto con el alcohol, mientras que para otras equivale a ser capaz de beber sin emborracharse ni perder el sentido o las capacidades. No podemos decirte cuál es la definición correcta para tu bebedor. Los estudios han demostrado que algunos bebedores problemáticos pueden aprender a ser bebedores no problemáticos, pero también sabemos que otros no pueden. Solo tu bebedor puede discurrir esto y, desafortunadamente, tal vez sea una cuestión de prueba-error antes de que lo haga. Si tu bebedor ha tratado constantemente de beber con moderación y ha fallado, quizá signifique que esta no es una posibilidad para él. Por otro lado, también puede denotar que las estrategias que utilizaba estaban equivocadas. Piensa en lo que crees que sea posible para tu bebedor y con qué nivel de alcohol estás dispuesto a vivir. Entonces prepárate para adaptar tu modo de pensar en la medida en que tu bebedor se hace cargo de atender el problema. Sus objetivos necesitan encajar. Sin embargo, por el momento, aclara en tu propia mente lo que para ti significa *sobrio*. Asegúrate de considerar tus propios modelos de bebida (si bebes). Por ejemplo, puede ser ilógico esperar que tu ser querido renuncie por completo al alcohol si tu intención es seguir tomando una copa de vino todas las noches mientras preparas la cena.

Antes de que definas tus objetivos en esta categoría, prueba tu habilidad para reconocer enunciados con objetivos claros respondiendo el siguiente cuestionario.

Cuestionario
Decide cuál de los siguientes enunciados es un objetivo claro y cuál es solo un deseo.

1. Haré más PYEC (véase el Capítulo 9) mi forma de comunicación para disminuir las discusiones con mi bebedor, con el fin de que tengamos la

oportunidad de discutir tranquilamente las opciones para moderar su manera de beber.

2. Haré todo lo que pueda para ayudar a mi bebedor a abstenerse del alcohol.

3. Aprenderé cómo comportarme para cambiar la conducta de mi bebedor, con el fin de que mejore.

4. Aprenderé a utilizar estrategias de cambio de conducta científicas, como aquellas aprendidas en las *Alternativas*, para que sea más atractivo para mi bebedor reducir su consumo de bebida que seguir bebiendo.

5. Dejaré de facilitar a mi bebedor la bebida (al servirle de tapadera o deshacer sus entuertos), para que descubra que es más trabajoso beber que estar sobrio y, por lo tanto, que reduzca su consumo de bebida.

Si reconociste las frases 1, 4 y 5 como objetivos claros, estás totalmente en lo cierto. Cada una de esas frases dicen con claridad lo que los *seres queridos preocupados* (sqp) harán y esperan lograr. Por otro lado, las frases 2 y 3 son menos precisas. En la número 2, la entrega de quien expone el deseo es clara ("hacer todo lo posible"), pero no es claro qué implica hacerlo. La frase 3 comienza amable y clara al describir lo que el individuo hará, pero concluye de manera débil, con un mal definido deseo de que el bebedor "mejore". ¿Qué significa exactamente? ¿Cómo sabrán los sqp que la meta se ha logrado o, siquiera, si las estrategias utilizadas son las correctas?

"Reducir el riesgo de violencia en mi familia"

Ya has dado pasos positivos en este campo, pero permítenos que en esta categoría hablemos un poco acerca de las diferencias entre los deseos y las metas.

Aunque "reducir el riesgo de violencia en mi familia" parece un enunciado de objetivo claro, si tuvieras que comenzar tan solo con esta instrucción tendrías dificultades para convertirlo en realidad. Ya te hemos ayudado orientándote sobre cómo puedes reducir el riesgo de violencia, al llevarte, en el Capítulo 3, hacia el objetivo de reducir el riesgo de violencia, al tener un plan de salida de emergencia, aprender a identificar los primeros signos de violencia y cambiar la conducta para evitar la presión que ejerce la violencia. Si nada más te hubiéramos dicho que realizaras tu mejor esfuerzo para reducir el riesgo de violencia en tu familia, muy poco te habríamos ayudado, pero al escribir el Capítulo 3 para estar a la altura de los objetivos específicos que acabamos de describir pudimos mostrarte claramente qué hacer.

"Reducir el estrés emocional en mi vida"

Esta categoría da pie a un tremendo rango de posibles objetivos, así que deberás pensar cuidadosamente acerca de lo que necesita cambiarse para reducir tu estrés. Puedes descubrir que lo que anotaste en esta categoría podrá lograrse con los objetivos de otros rubros. Por ejemplo, librarse del miedo a la violencia, abordado entre los objetivos de la categoría "reducir la violencia", puede eliminar algo de estrés. De manera similar, si lograr confiar en que tu ser querido llegue a casa del trabajo sobrio —y a tiempo— elimina el estrés, tal vez ya te hiciste cargo de esto mediante el establecimiento de otros objetivos. Sin duda, algunos cambios para reducir el estrés no están comprendidos en otros tipos de metas. Los ejemplos podrían incluir objetivos como "incorporar más actividades sociales agradables a mi estilo de vida, al regresar a mi club de tejido", o "reducir mis dolores de cabeza tensionales al aprender una técnica fácil de relajación".

Antes de que intentes generar un objetivo para reducir el estrés emocional en tu vida revisa sus diferentes áreas en busca de factores estresantes. Piensa en la relación con tu bebedor, otros miembros de la familia, tu trabajo, tu vida social y hábitos de salud. Una vez que tengas una imagen razonablemente cabal de lo que causa tu estrés, podrás discurrir en qué sería más efectivo que te enfocaras y está en tus manos cambiar.

"Meter en tratamiento a mi ser querido"

Si has estado luchando con esta situación durante mucho tiempo, quizá has pasado parte del tiempo deseando que el problema simplemente se acabe. Tal vez incluso hayas hecho todo lo posible por tratar de "curar" por ti mismo a tu ser querido. Sin embargo, el hecho de que estés leyendo este libro nos indica que los problemas todavía siguen ahí. También nos indica que estás listo para dar el siguiente paso. Ese paso, en nuestra opinión, es el tratamiento.

Hablaremos ampliamente acerca del tratamiento en el Capítulo 11. Por ahora, solo nos enfocaremos en la idea de meter en tratamiento a tu bebedor. Y existen casi tantas maneras de tratar de hacer esto como bebedores. Puedes intentarlo (o tal vez ya lo hayas intentado) criticando constantemente, rogando, peleando, amenazando, adulando, coaccionando, chantajeando, seduciendo, suplicando y, lo de siempre, implorando; también utilizando la relación que ya tienes con tu bebedor para, amablemente, hacer que él desee el cambio, pues hay más beneficios al cambiar que seguir borracho. Este último método es el que enseñamos y que la investigación científica ha comprobado como el más efectivo. Por lo tanto, mientras defines el objetivo que te ayudará a que el deseo de meter en tratamiento a tu bebedor se haga realidad, considera este enunciado de objetivo: "Al cambiar la manera como interactúo con mi bebedor, lo ayudaré a que llegue a la determinación de que entrar en tratamiento cambiará su vida". Cuanto aprendas trabajando a lo largo de este libro se diseñó, precisamente, para ayudarte a lograr este objetivo.

"Aprender cómo apoyar la sobriedad de mi ser querido y el tratamiento"

Este puede ser un concepto nuevo para ti. No mucha gente ha pensado acerca de lo que significa *apoyar* el tratamiento o la sobriedad. A pesar de que no eres el causante de los problemas de tu bebedor, la relación que los dos han desarrollado a lo largo del tiempo puede perpetuar la bebida. Por lo tanto, si el bebedor entra en tratamiento o alcanza la sobriedad pero la relación no cambia, permanecer sobrio podría ser más difícil de lo necesario. Además de comprometerte para lograrlo, deja tu meta para este objetivo hasta que leas el Capítulo 11. Cuando hablemos acerca de ayudar a tu bebedor a entrar en tratamiento, también describiremos las formas en que puedes marcar las cartas a su favor para que se quede en tratamiento lo suficiente como para alcanzar la sobriedad.

Las categorías de deseos y objetivos que discutimos aquí son las que vemos más comúnmente en el trabajo clínico. Sin embargo, tú puedes tener otros objetivos que deseas lograr. Que no los hayamos mencionado no significa que no sean importantes. Al contrario, los objetivos que te interesan son los *únicos* importantes. Utiliza la actividad 11 para identificar las metas que quieres lograr dentro de los próximos meses.

Actividad 11. Metas

Anota en tu cuaderno las metas que quieres lograr por cada categoría enumerada líneas abajo. Puedes ver en los ejemplos cómo Mark fue muy específico acerca de lo que deseaba que sucediera. Sé tan específico como puedas y no te preocupes si las metas entran en varias categorías. Nadie está calificando esto. Mientras entiendas hacia dónde trabajas y lo que te interesa, está perfecto.

Ayudar a que mi ser querido se mantenga sobrio

Quiero aprender cómo hablar con María acerca de su bebida sin que peleemos. Quiero saber si hay un buen momento para acercarme a ella y cómo iniciar la conversación. Quiero poder disfrutarla otra vez.

Reducir el riesgo de violencia en mi familia

Quiero aprender a detener los arrebatos de ira de María antes de que pierda el control y comience a aventar cosas. Quiero aprender a mantener mi temperamento bajo control para no atizar el fuego.

Reducir el estrés emocional en mi vida

Quiero ir al trabajo sin preocuparme por María. También, darme tiempo para hacer las cosas que disfruto, ya sea con ella, otros amigos o yo solo. Hace mucho tiempo que no hago otra cosa aparte de preocuparme por ella tras haberla levantado.

Meter en tratamiento a mi ser querido

Quiero saber cómo hablar con María acerca de que entre en tratamiento sin que el tema se convierta en una discusión (creo que ya me estoy repitiendo, pero esto es realmente importante). Quiero aprender más acerca de los problemas del alcohol para poder ayudarla. Quiero saber qué he hecho mal hasta ahora.

Aprender cómo apoyar la sobriedad de mi ser querido y el tratamiento

Necesito aprender cómo puedo ayudar al tratamiento y que dejar la bebida sea lo más fácil posible para él/ella. Debe haber algo que yo pueda hacer para ayudarlo/a una vez que acepte dejarla. También necesito tener la certeza de que no hago nada que reduzca sus oportunidades.

Otros

Quiero que en nuestra relación existan más actividades agradables compartidas y menos discusiones una vez que él/ella deje la bebida. No quiero que esté sobrio/a y me odie por forzarlo/a a estarlo. Creo que este objetivo tiene que ver con todo. Quiero que nuestra vida sea agradable. Así pues, necesito aprender tanto como pueda sobre el proceso de dejar la bebida y prevenir la recaída para poder asegurarme de que mis acciones facilitan que él/ella esté sobrio/a.

Un punto importante

Antes de continuar con nuestro viaje, necesitamos hacer hincapié en un punto. Después de pensar intensamente acerca de todo lo que quieres cambiar, quizá te sientas un poco abrumado. Tienes mucho trabajo por delante. El punto importante que queremos plantear es: *Relájate. Estás en el camino.* Ya has tomado algunas decisiones difíciles. Es importante para ti que tengas presente tu progreso y apreciar cuánto esfuerzo conlleva. Aun el ejercicio de fijar los objetivos que acabamos de repasar no es nada que deba menospreciarse. No todo el mundo ha hecho un inventario de su vida e identificado el rumbo del cambio. Eres especial en tanto tienes la disposición de aventurarte y tratar de mejorar tu vida. Tendrás éxito. El camino es arduo, pero tienes un buen mapa de caminos y el empeño de aprovecharlo. Da un paso a la vez y las cosas gradualmente, pero con seguridad, se arreglarán para ti.

Prioridades

Este programa es para ti. Aunque ayudar a tu bebedor sea una prioridad, es esencial tener en cuenta que *tú* estás en el centro de todo. Eres tú quien sufre por su bebida, quien mantiene unida a la familia. Eres tú quien encubre, levanta y da la cara por el bebedor; eres quien ya ha tenido suficiente y desea mayormente el cambio, y eres tú quien lo hará realidad. Esto significa que en toda esta situación patas para arriba, *tú eres el protagonista más importante.*

Mientras piensas acerca de tus objetivos, ten en mente que para alcanzarlos necesitas tener la energía y el ánimo para seguir adelante. *Para garantizarlo a toda costa debes cuidar de ti mismo.* En la mayoría de los casos, esto significa situar en un alto nivel de prioridad los objetivos relacionados con tu salud y bienestar personal. *De hecho, la experiencia nos ha enseñado que las personas que ayudan más efectivamente son aquellas que primero se ayudan a sí mismas.*

Revisa las metas que resaltaste en la actividad 11 y coloca un gran asterisco junto a aquellas que se acercan a tus necesidades. Tal vez establezcas objetivos para aumentar tus actividades de esparcimiento, al unirte a un equipo de boliche o al planear una reunión con tu primo, o quizá te ha faltado ejercitarte durante mucho tiempo y has decidido que reanudarás tus caminatas. Mientras se dan los estira y afloja de vivir con tu bebedor, vigila tus prioridades y ten cuidado de ti para que puedas ayudarlo y ayudarte. En el proceso de tratar de darle apoyo a tu bebedor problemático, no te pierdas a ti mismo.

¡Mantén tus ideales!

De cara a fijar los objetivos y la planeación asociada con este programa, a veces es fácil perder la perspectiva global de cómo quieres sentirte. Es decir, todos aquellos comportamientos que quieres que tu bebedor tenga más o menos, todos aquellos cambios que quieres que sucedan, todo eso forma parte de tu ideal. Quieres que el dolor desaparezca. Y más que eso: quieres sentirte bien, conocer el amor y disfrutar la vida. Es importante permanecer en contacto con esos ideales.

Después de que leas esta sección, cierra los ojos y piensa acerca de tu relación con el bebedor en tiempos pasados, cuando la vida era buena. Si el bebedor es tu esposo, puedes pensar en la época en que salían de novios y trataban de causarse buena impresión. Recuerdas bien esas épocas: comprando regalos, haciendo alegremente lo que la otra persona quería hacer, cenas románticas o caminatas por el parque, sexo apasionado. ¿Recuerdas la emoción de una nueva relación? Piensa en cómo te sentías. ¿Te acuerdas de los sentimientos amorosos? ¿De la sensación de esperanza y un buen porvenir? ¿Recuerdas cómo no podían dejar de verse el uno al otro, pasar el tiempo juntos, sin importar cuándo ni dónde? También piensa en los planes para el futuro que alguna vez tuviste. ¿Todavía puedes visualizar cómo imaginabas que iba a ser tu relación? Recuerda estas expectativas y cómo todas parecían posibles.

Si eres padre de un bebedor, recuerda las ilusiones que tenías para tu hijo, los anhelos, la vida que todavía deseas para él. Puedes tener otros hijos a quienes les vaya bien o tal vez conoces a un sobrino, a una sobrina o al hijo de un amigo cercano que esté viviendo la clase de vida que quieres para tu bebedor. Echa mano de estos pensamientos para ayudarte a recordar las esperanzas que alguna vez alojaste. Sabemos que como padre quieres lo mejor para tus hijos. ¿Cuáles son esas ilusiones?

En la actividad 12 tomarás esas ideas y las anotarás. Escribe una a la vez y sé lo más específico y positivo que puedas. Por ejemplo, tal vez anticipaste que tú y tu ser querido pueden pasar tiempo de buena calidad juntos, saliendo a cenar, socializando con los amigos o yendo al cine.

Actividad 12. Mi vida ideal

Describe tu visión de una relación ideal. Mientras apuntas, sé claro y positivo. Por ejemplo: "Quiero divertirme más con él o ella, pues ya no nos divertimos" es a la vez impreciso y negativo: no define qué es diversión y es una frase negativa en tanto que describe lo que ya no sucede, en lugar de lo que quieres que suceda. Puedes volver a redactar este ejemplo para hacerlo alentador y específico: "Me gustaría que una vez a la semana Sal me llevara al cine y que una vez a la semana saliéramos a cenar a un buen lugar". Otro ejemplo específico y positivo sería: "También me gustaría que Sal y yo pasáramos un tiempo sin los niños para que estuviéramos más relajados y menos preocupados". Lee cómo Mark llevó a cabo la actividad. Nota que no es superespecífico en este momento: está bosquejando una visión a la que quiere llegar. Conforme avanza, su visión será más concreta, para que quede más en claro lo que necesita hacer, y así tendrá una firme percepción de su progreso. Escribe en tu cuaderno tu descripción de una relación ideal.

Me gustaría que María dejara de beber por completo. Me gustaría que ella y yo saliéramos al cine y a cenar al menos un par de veces al mes, como solíamos hacerlo. Quisiera que visitáramos a la familia y a los amigos y fuéramos a las reuniones de la iglesia. Quiero poder hablarle a María acerca de mis sentimientos y que ella me hable de los suyos. Quiero que trabajemos juntos en un plan financiero. Quiero que dialoguemos sobre tener una familia y lo que eso significa para ella. Quiero que ambos trabajemos en labores que sean satisfactorias.

Mientras trabajas en la actividad 12, recuerda que esta es la situación "ideal", así que no te quedes corto en relación con lo que quieres. Estás describiendo tu sueño, y en ningún lado hay una regla que diga que los sueños deben ser sensatos. Escribe cuantos deseos, ideas, actividades y conductas imagines y que te gustaría cambiar en tu relación. El único requisito es que formules todo muy concreta y positivamente. Cada uno de nosotros creamos nuestra propia realidad, pero primero debemos visualizarla. Así que mantén tus ideales.

Resumen de acciones

En este capítulo has preparado el terreno para algo importante. Luego de que hayas hecho a un lado este libro durante unos minutos, vuelve a examinar tus metas y revísalas otra vez para dos cosas. Primero, asegúrate de que en verdad te interesan y, segundo, asegúrate de que son concretas. Vuelve a trabajar en ellas si la idea de alcanzarlas en verdad no te apasiona. Será especialmente importante que, conforme avanzas, anheles en verdad tus objetivos, pues en algunas ocasiones tendrás que morderte la lengua y, en otras, ser muy valiente para conseguirlas.

Recapitulando

- Establece objetivos concretos y significativos para tu relación.

- Asegúrate de que el objetivo por el cual estás trabajando sea tan atractivo como para mantenerte avanzando durante todos los momentos, buenos y malos, de tu viaje al cambio.

Kathy y Jim: creando el futuro

Cuando Kathy y Jim se casaron eran la pareja "ideal". Ella amaba su espíritu juguetón y su sentido de aventura, y él su agilidad mental y su naturaleza compasiva. Había pocas cosas que no disfrutaran hacer juntos. Solían ir al cine o salir con amigos casi cada fin de semana, y a menudo pasaban las noches entre semana abrazados en el sofá viendo televisión o escuchando música. Acampar, pescar y, simple y llanamente, reír, era una gran parte de sus vidas.

Sin embargo, mientras aumentaba la bebida en Jim, su convivencia se deterioró, y Kathy se encontraba cada vez más sola. Ella también se descubrió a sí misma pasando gran parte del tiempo ideando artimañas para lograr que Jim dejara la bebida: tiraba el licor que él llevaba a la casa, "se olvidaba" de darle los recados de sus compañeros de borrachera, escondía las llaves del auto para que no pudiera salir y consumía gran parte de su inspiración en rogarle a Jim que dejara que su vida juntos volviera a ser la de antes. No es necesario decir que no llegó a ningún lado. De hecho, Jim se quejaba de que ella siempre estaba pendiente de sus errores y él ni siquiera sabía lo que ella quería. Todos sus esfuerzos solo lograban que él se refugiara más en la botella.

No fue sino hasta que Kathy realizó una larga y ardua revisión de lo que estaba haciendo y aclaró sus objetivos cuando las cosas comenzaron a cambiar. En lugar de rogarle a Jim para que fuera el de antes, Kathy puso en claro en su propia mente lo que exactamente le había hecho falta. Hizo una lista de las cosas que solían hacer juntos y quería que él hiciera ahora, y de las que él hacía ahora y quería que dejara de hacer. Tuvo el cuidado de describir cada una en un modo muy claro y positivo. En vez de decirle a Jim que deseaba que volviera a ser afectuoso como lo era antes, le dijo que quería "pasar con él una noche o dos cada semana viendo televisión o escuchando música". De manera similar, no le pidió que fuera menos desesperado en relación con los niños, sino que a cada niño le dijera algo amoroso o halagador cada día, "porque ellos te admiran y eso hace que ellos quieran portarse mejor". (Nota cómo Kathy alabó a Jim al mismo tiempo que le pidió que halagara a los niños).

Una vez que Kathy supo exactamente qué quería que Jim hiciera, le fue mucho más fácil encontrar maneras efectivas y positivas para comunicarse con él. Mientras imaginaba el futuro que quería con él, Kathy hizo una selección de sus objetivos específicos y modificó los necesarios para ayudar a crear ese futuro. Cada vez que Kathy evitaba una discusión o se abstenía de arreglarle las cosas a Jim, sabía que iban en la dirección correcta. A pesar de que Jim no se subió de inmediato al carro del cambio, notó que Kathy había dejado de criticarlo, y el tiempo que pasaban juntos era más disfrutable de lo que había sido. Poco después de que Kathy cambió su estilo, incluso Jim comentó que, "actualmente, parece más quitada de la pena". Podría no ser el tipo de halago que él solía hacer pero, ciertamente, era mejor que las ofensas que le había infligido unas semanas antes. En este momento, Kathy supo que había un futuro.

Capítulo 5
El asiento del conductor

John y su mamá

A pesar de sus reservas acerca de que él estuviera listo para vivir por su cuenta, la mamá de John accedió a ayudarlo a que alquilara su propio departamento durante su primer año en la universidad. Estaba orgullosa de sus buenas calificaciones y su carácter extrovertido, aunque también preocupada por su gusto por las fiestas y el alcohol. A lo largo del año escolar fue más evidente que la afición de John por las parrandas empezó a interferir con su capacidad para mantener sus buenas calificaciones y administrar sus gastos de estancia, de los que disponía para solventar sus gustos. Hacia las vacaciones de invierno, su mamá le cerró la llave del presupuesto y lo mudó a casa. Al regresar, desafortunadamente, llevaba consigo su nueva forma de vida. El ambiente en casa devino en hostilidades, y los gritos y discusiones cifraron la forma de comunicarse entre John y su mamá.

Tomar el lugar del conductor requiere que hagas dos cosas. Una, creer que tienes el *derecho* de conducir; la otra, creer que *estás facultado* para manejar.

El derecho de conducir

A veces la manera más eficaz de ayudar a alguien a quien amas consiste en tomar distancia y cuidarte a ti mismo. Reflexiona acerca de ello. Si estás enojado, asustado o deprimido, ¿qué tan eficazmente crees que ayudarás a alguien? Requiere mucha energía mantenerse tranquilo y pensar con claridad cuando estás enojado, asustado o deprimido, y tranquilidad y lucidez es exactamente lo que se necesita cuando se trata del abuso del alcohol. La droga hace que sea casi imposible que el bebedor sea racional. Si sacrificas tu propio bienestar para hacerte cargo únicamente de tu bebedor, ¿quién queda para cuidar de la relación?

Si el problema de bebida de alguien ha corroído tu autoestima y confianza, no eres el único. Esta es una consecuencia común de amar a un bebedor. Las personas que sienten que sus vidas están fuera de control automáticamente buscan algo o a alguien a quién culpar. Tu bebedor no es diferente. Así pues, mientras más pierda el control, más necesitará a quién culpar. Por desgracia, el blanco más fácil para echarle la culpa a alguien es la persona más cercana. En este caso, tú. Sin duda has sido blanco de acusaciones como: "Si no me criticaras tanto, no bebería", o "Verdaderamente no entiendes". Mes tras mes, año tras año, estas interacciones minan tu autoestima, al grado de que casi empiezas a creer que *tú* eres el problema. Cuando eso sucede, tu propia aflicción se agrega a la que ya creó el problema de la bebida, y tu capacidad para ayudar en la situación básicamente se va por el drenaje, como los cubos de hielo de la noche anterior.

Deja de culparte a ti mismo. Independientemente de lo que el bebedor (o alguien más) te diga, la forma de beber de alguien no puede ser culpa tuya. Sí, tu modo de actuar tiene un efecto en todo el estilo de vida de un bebedor, pero *no eres el causante de que esta persona haya llegado a abusar del alcohol.* Todo el mundo está sometido a factores estresantes en sus vidas, algunos más duramente que otros, pero no todos los enfrentan emborrachándose. Incluso si no eres el esposo, esposa, padre, madre, hijo, hija, tía, tío, sobrina, sobrino, amante o amigo ideal, tampoco puedes ser el causante del problema de bebida de alguien. Cualquiera que sea la razón, el bebedor reacciona a la vida con la bebida. También pudo haberse convertido en alguien que reaccionara a ello durmiendo, comiendo o meditando. Estamos apenas en las primeras etapas de entender por qué la gente reacciona de cierta manera. Lo único de lo cual podemos estar seguros es de que tú no eres el causante del problema, y de que no debes pagar por ello. De hecho, mientras más pronto dejes de pagar esa culpa que no es tuya y comiences a cuidarte a ti mismo, más pronto tendrás la energía para enfocarte en interactuar con tu bebedor de una forma más positiva. Eso te ayudará a motivar a tu bebedor a querer estar sobrio, y también a encontrar para ti mismo, tu bebedor y tu familia una forma más feliz de vivir. Si realmente amas a tu bebedor, demuéstraselo amándote a ti mismo.

Si bien no eres el problema, puedes ser parte de la solución. Juzga la situación de manera adecuada, achácale la responsabilidad a quien le corresponda y aprende a aceptar la felicidad.

Prueba concluyente: ¡No es tu culpa!

¿Algunas de estas ideas te resultan familiares?: *Simplemente no sé cómo ayudarlo. Si yo fuera un mejor esposo... Si no hubiera tenido que trabajar cuando él era pequeño... Si yo fuera una mejor hija... Otras personas ayudan a sus seres queridos, ¿por qué yo no puedo?* Lo más probable es que este tipo de ideas hayan cruzado por tu mente en algún momento. Cuando pasas meses o años en una relación problemática, es natural que empieces a dudar de ti mismo. Más aún: si a esta inclinación natural le agregas las acusaciones del bebedor y las sutiles, o no tan sutiles, acusaciones de los demás, es casi imposible que no te sientas culpable. Acuérdate de cómo era tu bebedor antes de que todo esto empezara; cómo su manera de beber empeoró progresivamente. Reflexiona acerca de lo que cambió. ¿Puedes recordar cómo aumentó la manera de beber de tu ser querido? Recuerda cómo, a la par, empeoraron los problemas asociados con la bebida: los estados de ánimo se volvieron erráticos y difíciles de predecir, y vinieron a menos los momentos agradables que compartían. ¿Cada vez pasan menos buenos momentos juntos? Si tu ser querido también es tu amante, ¿has dejado de buscar sexo? ¿Tu bebedor está de malas la mayor parte del tiempo y te culpa de sus problemas?

Las siguientes preguntas son difíciles, así que piensa bien. ¿Deseabas que sucedieran estas cosas negativas? ¿Le pediste a tu ser querido que bebiera más y más hasta que el alcohol comenzó a controlar su vida? ¿Obligas a tu ser querido a beber? ¿Disfrutas que el alcohol sea un factor fundamental en tu vida? Por supuesto que no.

No pediste esto. No trabajaste para esto. Tampoco lo causaste.

Solo puedes asumir la culpa de algo que provocaste. El tener una relación con esta persona no ocasionó que él se volviera un bebedor problemático. Todos responden de manera diferente a los factores estresantes. Algunas personas hacen yoga o salen a correr, otras patean a sus perros, varias refunfuñan ante cualquier cosa y otras beben. La respuesta de cada persona es ligeramente diferente. Si él no tuviera una relación contigo, habría otra persona o situación a quién culpar por la bebida. Sin embargo, lo fundamental es que no puedes atribuirte la responsabilidad ni la culpa por ello. Es hora de que salgas del atolladero. Estás viviendo con el problema pero no eres quien lo causó.

Tienes las facultades para lograrlo

Tomar el control, manejar la relación, por así decirlo, está dentro de tus facultades. Comenzarás a ver que cuentas con ellas mientras trabajas en tus mapas de conducta, y conforme las adviertas, comenzarás a creerlo.

A menudo es más fácil ver nuestros propios modelos de conducta si aprendemos primero a identificarlos en los demás. Estudia cuidadosamente el siguiente escenario y las dos reacciones consecuentes.

John llega de la escuela tarde y borracho, y le dice a su mamá que tuvo un problema automovilístico. Ella sabe muy bien que estaba bebiendo y que

su automóvil no tiene problemas. La mamá está
harta de sus poco convincentes excusas y…

Reacción 1	Reacción 2
… se lo dice. Le grita y lo acusa de ser un mentiroso. John grita que ella es una vieja histérica y sale violentamente de la casa. Su mamá sabe que va a beber más.	… decide que no va a tolerar más. Dice: "John, ambos sabemos que no has estado en la escuela todo este tiempo y me duele que me mientas. Cuando hayas dormido, quiero que hablemos de esto. Mientras tanto, me voy a la cama. Buenas noches". Al tiempo que la mamá sale de la habitación, John se deja caer en el sofá y prende la televisión.

Como puedes ver, en la reacción 1 la mamá básicamente le echó leña al fuego. John llegó a casa borracho
y a la defensiva (si no hubiera estado a la defensiva no
hubiera mentido), y la reacción de su mamá desencadenó otra, muy violenta. Al explotar, ella le facilitó
a John que reaccionara como lo hizo. Por lo tanto, si
bien ella pudiera sentirse mejor por "decir lo que piensa", no hizo nada por cambiar la forma de beber de
John ni por mejorar su relación o su propia vida. De
hecho, si gritar y criticar constantemente fueran efectivos para cambiar la conducta, John habría dejado de
beber desde el día en que se mudó a la casa.

La reacción 2 muestra un efecto igualmente impac-
tante de la conducta de la mamá sobre John. Solo que,

en este caso, ella desencadenó una reacción no beligerante. Al mantenerse tranquila y dejar que John supiera cómo se sentía (contrariamente a señalar lo que estaba mal con él), consiguió que se comprendiera su mensaje y evitó escalar la interacción hacia otra pelea y una excusa más para que él siguiera bebiendo. Por supuesto, John pudo haber optado por regresar a la cantina de todas formas, pero en esa situación hubiera sido más difícil culpar a su mamá por su conducta.

Así como la conducta de la mamá afecta la de John, aunque de manera diferente, dependiendo de cómo ella reacciona hacia él, tu conducta puede tener un efecto positivo, negativo o neutral en la conducta de tu ser querido. Usa la actividad 13 para explorar las maneras en que tu conducta llega a influir en la de tu bebedor. Mientras llenas la tercera sección, imponte mantenerte tranquilo y con la cabeza despejada durante la interacción, evitando la confrontación (*no se confunda esto con evitar el asunto*), y sin aceptar la responsabilidad por la conducta del bebedor. Asimismo, busca maneras positivas, en lugar de las negativas, para formular tu comunicación. Por ejemplo, si quieres que tu esposo se quite las botas enlodadas antes de entrar en la casa, una petición negativa sonaría así: "Cariño, odio que uses las botas sucias en la casa. Por favor, quítatelas antes de entrar". Una positiva le daría la vuelta al mensaje para que el receptor escuchara una frase amorosa en el pedido encaminado al cambio: "Cariño, realmente aprecio cuando te quitas las botas antes de entrar en la casa. Haces que el trabajo de limpiarla sea mucho más fácil". Por más difícil que a veces sea reforzar a alguien que no ha puesto casi nada de esfuerzo en la relación como lo has hecho tú, recuerda que puedes atrapar más moscas con miel que con hiel. Si quieres que la persona sea receptiva a tus sugerencias de cambio, mantén la interacción positiva.

En la actividad 13 te pedimos que analices cómo puedes reducir las posibilidades de que tu ser querido se comporte de manera indeseable. Sin embargo, antes de hacer este ejercicio échale un vistazo a la manera en que el esposo de Marge entendió cómo afectaba la conducta de ella.

Describe algo que tu ser querido haga que realmente te altere y te gustaría que dejara de hacer.

Marge se levanta en la mañana con una resaca terrible después de haber bebido toda la noche. Se arrastra de un lado a otro por toda la casa y se queja de que está muy mal como para ayudar con los niños o con el quehacer del hogar.

Describe lo que podrías hacer que más probablemente provoque la conducta de tu bebedor que acabas de describir o empeore la situación.

Castigo su conducta dejándole de hablar. Mientras más habla o trata de disculparse, más me aparto, enmudecido. Ella se enoja y generalmente termina por salir de casa para lanzarse en pos de un trago.

Describe qué podrías hacer para que fuera menos probable que tu bebedor actuara como acabas de describir o mejorara la situación.

Podría decir: "Sabes que desapruebo que bebas y estés fuera toda la noche, pero quiero escuchar lo que tienes que decir. También quiero que sepas que, cuando te sientas mejor, estoy dispuesto a que discutamos a fondo el tema, pero ahora parece que no te sientes bien y yo también estoy muy enojado como para discutir lo de anoche contigo. Hablemos durante la cena".

En la segunda respuesta, el esposo de Marge hace saber sus sentimientos y también que está dispuesto a discutir la situación, pero cuando ambos estén en mejores condiciones para hacerlo. Serenamente demuestra preocupación, sin restarle importancia a la gravedad de la situación. Además, el mantenerse tranquilo y posponer la discusión hasta que ambos estén en mejores condiciones le da al compañero la oportunidad de recuperarse y hacer planes para discutir el asunto. Le permite ser proactivo en lugar de reactivo: siempre es la mejor posición, si lo que quieres es mantener el control y aumentar las posibilidades de lograr tu objetivo, cualquiera que este sea.

El ejemplo de abajo utiliza una de las anotaciones de Mark en la actividad 10 (Capítulo 4). Puedes moldear tu plan sobre el suyo, si te resulta práctico. Lee la actividad y redacta tus respuestas en tu cuaderno.

Actividad 13. Conductas con mando

Paso 1: Copia aquí una de tus anotaciones de la actividad 10 (en el Capítulo 4), paso B:

Se burla de mí cuando le pido que no beba.

Paso 2: Describe qué podrías hacer que probablemente provocara la conducta de tu bebedor que acabas de describir o empeorara la situación. (Aquí tal vez podrías describir una experiencia real).

Si me pongo a la defensiva o trato de discutir con ella. Si trato de explicarle que alguien debe responsabilizarse y cuidar la casa. A veces le digo que solo quiero hacer algo para ayudarla, y entonces se enoja de verdad. Si empiezo a llorar, ella me atormenta más.

Paso 3: Describe qué podrías hacer para que fuera menos probable que tu bebedor actuara como acabas de describir o mejorara la situación.

A veces, cuando me enojo, simplemente me aparto. Ella por lo general no me sigue; solo se queda callada. Nunca traigo a colación a su mamá, pero tal vez si le menciono lo que ella diría si la viera atormentándome, lograría que se detuviera. Vale la pena intentarlo.

Felicidades, acabas de diseñar tu primera "intervención conductual". Este rimbombante tecnicismo significa básicamente que tus conductas planeadas (insistimos: las tuyas) cambiarán de manera premeditada la conducta de alguien más (tu bebedor) en la dirección deseada. Sabes cómo puedes empeorar la situación que describiste en la actividad 13, y cómo puedes mejorarla.

Abajo encontrarás otra actividad 13 resuelta. Examina las respuestas de la compañera de Harris, junto con nuestro comentario, para ver qué puedes aprender.

Describe algo que tu ser querido haga que realmente te altere y te gustaría que dejara de hacer.

Siempre que salimos a cenar con mi hermana y su esposo, Harris se bebe de golpe varias ginebras con agua quina hasta que se pone bastante ruidoso e insoportable. Termina por avergonzar a todos. Incluso un par de veces nos han pedido que nos retiremos del restaurante.

Describe qué podrías hacer que tal vez provocara la conducta de tu bebedor que acabas de describir o empeorara la situación.

Hemos pasado por esto tantas veces que realmente me saca de quicio. Yo termino dando de gritos, algo contenidos dado el escenario, diciendo algo como: "No te atrevas a pedir otra bebida. Me estás avergonzando otra vez". Esto por lo regular lo irrita y ordena el doble.

Describe qué podrías hacer para que fuera menos probable que tu bebedor actuara como acabas de señalar o mejorara la situación.

Podría empezar por recordarme a mí misma que su conducta no debe afectarme. Entonces respiraría hondo y le diría: "Sé que disfrutas las bebidas, pero es muy importante para mí que no ordenes una más durante esta noche. Por favor, ¿podrías hacer eso por mí?". Si insiste en tomar otra, diré: "Si decides beber esta noche, es tu problema. Sin embargo, no tengo que sentarme aquí a verte. Me voy a la casa. Cuando estés sobrio, me gustaría discutir esto contigo". Entonces me marcharía.

En este ejemplo puedes ver unas cuantas diferencias muy importantes entre la primera y la segunda respuestas. En la primera, la compañera, al perder la calma, deja que Harris controle la situación. Con esta sugiere que ella acepta cierta responsabilidad por la conducta de Harris (¿por qué otra razón su comportamiento la avergonzaría?). En comparación, la segunda respuesta la ayuda a distanciarse de su conducta, mantenerse tranquila y evitar una confrontación. Empieza por cuidarse a sí misma ("podría empezar por recordarme a mí misma que su conducta no debe afectarme"), para evitar explotar y no darle una excusa para ordenar el doble. Entonces ella toma conciencia de sus sentimientos y los expresa al pedirle que no ordene una bebida más. De lo contrario, ella se apartará de la situación. Los puntos importantes aquí son que su conducta estaba diseñada para dar a Harris varias oportunidades de cambiar su modelo (sin quedar mal), al tiempo que preservaba su propio bienestar. Esto quizá no siempre funcione exactamente como quieres, pero garantiza que no apoyas incondicionalmente el modelo negativo y comienzas a establecer uno nuevo.

Al meditar acerca de cómo puedes afectar la conducta de tu ser querido, ten en mente estos puntos:

- Si te enojas, pierdes el control de tu conducta y de la situación en general. En esencia, le das el control al alcohol.
- Siempre que sea posible expresa tu mensaje en términos positivos. Eso hace que sea más probable que te escuchen.
- Si bien es esencial ver cada situación como es (lo bueno, lo malo y lo feo), es igualmente importante evitar ser catastrofista. En otras palabras, siempre que puedas enfócate en el aquí y el ahora. No conviertas el desastre de esta noche en una discusión de cómo se ha arruinado la totalidad de tu vida. Ver una catástrofe en cada situación tiende no solo a desencadenar emociones extremas sino a que se pierda el control.
- Se progresa cada vez que tratas de cambiar la manera como respondes a una situación difícil. Ya sea que tu intento sea total, parcialmente o para nada exitoso, haber hecho el esfuerzo le resta fuerza a las pautas de comportamiento negativas e inoperantes que hayas puesto en práctica antes. El progreso se

da en diversos alcances y en muchas formas. Asume el mérito por cada pizca de ello.

Mientras sigues adelante, recuérdate a ti mismo todos los días que puedes aprender a cambiar tu comportamiento y que este puede ayudar a tu ser querido a cambiar. Tienes las facultades para lograrlo.

Resumen de acciones

El trabajo que hiciste en este capítulo es comparable a arrancar el motor de tu automóvil. Si fallas al prender la marcha, incluso la máquina mejor afinada no podrá funcionar. De manera similar, si no crees que tienes el derecho y las facultades para tomar el control de tu vida, no podrás utilizar ninguna herramienta que te ofrezcamos. Así pues, recuerda que tú no eres la razón por la cual tu ser querido abusa del alcohol u otras drogas: cada uno de nosotros es responsable únicamente de su propia conducta. Dicho esto, ten en mente que puedes cambiar cómo reaccionas ante tu ser querido y, con ello, desencadenar los cambios positivos en sus vidas.

Recapitulando

- Niégate a tomar la responsabilidad de la conducta de alguien más. Tú no eres el problema.
- Ajusta tu radar de modo que observes las ocasiones en que podrías cambiar tus reacciones hacia la

conducta de tu bebedor. Mientras desarrollas este programa, adquirirás una serie de herramientas que te ayudarán a cambiar la manera como reaccionas. Sin embargo, el primer paso es reconocer en qué interacciones puedes aplicarlas. ¡Enciende el radar!

Kathy y Jim: una nueva clase de amor

Kathy sabía lo que era sentirse responsable. Se sentía responsable de proteger a los niños de la forma de beber de Jim (tanto de su conducta como de su ejemplo). Se sentía responsable de allanar las cosas para Jim en el trabajo cuando él despertaba demasiado indispuesto como para ir (después de todo, alguien debía asegurarse de que tuvieran un techo). Se sentía responsable de protegerlo del desprecio de la familia, y también de sus propios arranques. Se sentía responsable de orillarlo a beber con sus constantes críticas. Incluso se sentía responsable de sentirse tan miserable como se sentía. Y, entonces, algo cambió.

Kathy se preguntó por qué todo era su responsabilidad. Y no había respuesta para esa pregunta. Aún sentía que los niños eran su responsabilidad pero, además de todo, bueno, no podía entender la razón por la que era su responsabilidad que Jim se viera bien o de deshacer sus entuertos. En especial, no había razón para asumir la culpa por su forma de beber. Nunca le pidió que bebiera. Nunca "hizo" que nadie más bebiera, y eso que estuvo muy involucrada con otros miembros

de la familia, amigos y antiguos novios. Otras personas en la vida de Jim eran considerablemente menos
amorosas con él de lo que era ella, y él nunca las culpó.
Sencillamente, no había evidencia de que la conducta
de Jim fuera culpa de Kathy.

Kathy resolvió que al menos parte de la razón por
la que se sentía tan responsable por Jim era porque
lo amaba mucho. Entendía que, de alguna manera,
al aceptar la responsabilidad del terrible trastorno en
sus vidas, debía esforzarse por corregirlo. Cuando finalmente reconoció que la responsabilidad no era suya
ocurrieron dos cosas. Una fue que dejó de atormen-
tarse a sí misma: podía tomar un respiro. La segunda
consecuencia fue que su mente se despejó, y racional-
mente meditó acerca de lo que de manera realista *podía*
controlar. Entendió que su amor por Jim podía ser la
motivación para cuidarse a sí misma, con el fin de tener la energía para cambiar la manera en que trataba
con él. Al hacer eso, Kathy salió del callejón sin salida de culpa-enojo y comenzó un nuevo camino hacia
una vida mejor.

Capítulo 6
A gozar se ha dicho

Vanessa y Martin

Cuando Vanessa rondaba los 21 años, ya era una experta en cuidar a su papá. Su madre murió poco después del cumpleaños número 13 de Vanessa, y Martin, su padre, nunca se recuperó realmente de la pérdida. Al principio él bebía "para aplacar el dolor", y después, "para olvidar". Al pasar el tiempo, los amigos sabían que lo encontrarían borracho y comenzaron a evitarlo. En definitiva, parecía que bebía solo para llenar la vacuidad de su vida. A pesar de todo ello, Vanessa fue la única persona que lo apoyó, tanto que se le fue gran parte de su adolescencia entre criar a su hermana menor, pelear y tratar de convencer —y engatusar— a su padre con halagos para que abandonara la bebida, y atender la casa. Vanessa era una anciana prematura y cuando llegó al tratamiento se sentía no solo desesperada y resentida, sino también culpable por sentirse desesperada y resentida.

Si echaste un vistazo al índice de este libro antes de comenzar a leerlo, tal vez el título de este capítulo atrajo tu atención. ¿Qué hace un título como este precisamente en un libro serio acerca de un problema serio? Bueno, en realidad es muy simple: te mereces un poco de diversión.

Piensa en todo el esfuerzo y la energía que has invertido en lidiar con los problemas causados por el abuso del alcohol. ¿Cuántas veces has sacado a tu familia de una crisis, o puesto a salvo a tu ser querido escondiéndole las llaves del auto? ¿Alguna vez has impedido que abusen de tus hijos de palabra o físicamente? ¿Has asumido el rol del padre *y* la madre o de ser el único sostén de la casa? ¿Cuánto has hecho para mantener el frágil equilibrio entre la cordura y la insensatez que implica vivir con un bebedor? La respuesta probablemente sea: "Mucho". De hecho, suponemos que has estado trabajando tan duro manteniendo tu vida en orden que casi no has tenido el tiempo o el ánimo necesarios para disfrutarla. Es tiempo de cambiar esto.

Desde este momento empieza a recompensarte por tu esfuerzo. De hecho, recompénsate por el solo hecho de ser tú. Como dice el título de este capítulo, ¡a gozar se ha dicho!

La autorrecompensa (que es de lo que estamos hablando aquí) no es muy diferente de las gratificaciones que le ofreces a la familia, los amigos o los compañeros de trabajo. Les sonríes, les dices que hicieron un buen trabajo, o a veces los halagas con bienes materiales, como dinero, regalos, o conviviendo con ellos. Recompensarnos a nosotros mismos solo requiere mínimos cambios a la forma en que recompensamos a otros: en lugar de sonreírle a los demás, sonríete. Decirte a ti mismo que lo has hecho bien no es tan complicado como decírselo a los demás: no necesitas exteriorizarlo, sino solo pensarlo. Puedes recompensarte con cosas con la misma facilidad que recompensas a los demás; en realidad todavía más fácilmente, pues no tienes que adivinar en qué consistiría una buena recompensa: sabes bien lo que te gusta.

En virtud de que uno de los principales objetivos de este programa es mejorar la calidad de tu vida, es esencial que diariamente alargues los ratos placenteros. No, no necesitas dejar de trabajar para entregarte al juego de futbol o a tomar baños de burbujas. Todo lo que necesitas hacer es decirte algo agradable a ti mismo cada día, disponer de un poco de tiempo para brindarte cada día autorrecompensas un poco más grandes. Y no te preocupes si no has realizado nada grandioso. Recompénsate solo por haber llegado al final del día. De hecho, llegaremos al extremo de decirte: ¡recompénsate por recompensarte!

Como lo sugerimos líneas arriba, hay muchas formas de autorrecompensa. La más sencilla y menos costosa consiste en hablarse a sí mismo de manera positiva, lo que significa simplemente que te digas cosas agradables, como: "Soy alguien que se entrega", o "Esta vez manejé mejor tal situación" (por supuesto, hablarte a ti mismo variará de acuerdo con la situación). A esto le llamamos *autorrecompensas nivel 1*. Ligeramente más complicadas en términos de planeación e inversión son las recompensas nivel 2. Si bien son gratis o baratas, requieren tiempo. Algunos ejemplos serían tomarse tiempo libre para leer una buena novela, darse un largo baño caliente en la tina, pasear en bicicleta por el parque o realizar cualquier actividad que te dé placer. Las autorrecompensas nivel 3 son aquellas que por lo común guardamos para los "Logros" con ele mayúscula. Por ejemplo, puedes recompensarte con un masaje profesional (que implica tanto tiempo como dinero), luego de que felizmente no perdiste los estribos cuando tu compañero llegó a casa borracho mucho después de que la cena se había hecho carbón.

De manera breve te daremos una actividad en la cual puedas desarrollar tus opciones de autorrecompensa y hacer una planeación para que formen parte de tu vida. Sin embargo, primero necesitamos hablar acerca de si debes incorporar o excluir a tu ser querido de tu sistema de autorrecompensas.

Que el gozo incluya o no al bebedor

Si tu bebedor es tu esposo o compañero, seguramente un fuerte impulso te llevará a que participe de tus autorrecompensas. Después de todo, es a quien amas con quien normalmente quieres pasar el tiempo. Sin embargo, antes de que te decidas a recompensarte a ti mismo por todo el arduo trabajo, digamos, con una cena con tu ser querido, considera lo que él aportará. Si es probable que falte a la cita, llegue borracho o arruine la velada de alguna manera, tu autorrecompensa podría convertirse en castigo. (Si esto describe tu situación, haz de tripas corazón. Parte de la buena terapia contra el abuso de sustancias es trabajar con los seres queridos del abusador para mejorar su vida juntos. Así pues, ese proceso, siempre y cuando tu ser querido entre en el tratamiento, debería ayudar a que él sea un compañero más agradable y, en esa medida, te dará gusto incluirlo en tus planes).

Por otro lado, hacer que tu bebedor goce contigo los buenos momentos también sirve como una forma de alejarlo de un estilo de vida que incluya la bebida. Al incorporarlo a actividades que no pueden hacerse bebiendo (estas se llaman *necesidades contrapuestas*) y que sean agradables para los dos, limitarás el tiempo disponible para beber mientras aprovechas al máximo los momentos gratos que pasen juntos, lo cual, por lo tanto, puede ser bueno para ti, para tu ser querido y para tu relación.

Habiendo examinado ambos lados de la moneda, tú eres quien debe determinar qué tanto involucras a tu ser querido en tus autorrecompensas. Sin conocerte en persona, nuestra recomendación genérica es que la mayoría de tus autorrecompensas tengan como motivo central tú mismo, así como aquellos amigos y familia que sean de fiar, e incluir a tu bebedor de manera limitada. Cuando su comportamiento mejore y sea más confiable, harás que intervenga más. Mientras tanto, no dejes que tu bebedor destruya tus buenos momentos.

A gozar, pues

Ahora toma unos minutos para empezar a incorporar a tu vida algunos momentos de gozo. Con base en la actividad 14 empieza a programar más momentos de placer. La actividad tiene tres columnas, una para cada nivel de autorrecompensa que tratamos antes. Recuerda: las autorrecompensas nivel 1 son situaciones o actividades gratuitas o instantáneas. Los ejemplos podrían incluir hablarte a ti mismo positivamente, como ya mencionamos (la más barata, más portátil y más influyente autorrecompensa), darte un momento para sentarte junto a una chimenea o poner tu música favorita mientras trabajas. Las autorrecompensas nivel 2 suponen cierto tiempo y/o gasto. Los ejemplos podrían incluir tiempo para leer una novela o hacer una llamada de larga distancia a algún amigo. Las de nivel 3 abarcan todas las demás cosas que requieren disponer de más de unos minutos y más de unas cuantas monedas: dependiendo de tus gustos (y presupuesto), irían desde una cena hasta un crucero por el Caribe.

Líneas abajo, lee la lista que hizo Vanessa, y entonces piensa acerca de lo que te gusta hacer y la forma como te gusta pensar acerca de ti, y en tu cuaderno enumera tantas cosas como puedas en cada categoría.

Actividad 14. Buenos momentos para mí

Autorrecompensas nivel 1 (gratuitas, instantáneas)	Autorrecompensas nivel 2 (tiempo, bajo costo)	Autorrecompensas nivel 3 (tiempo, costosas)
Decirme "Claro que puedo hacerlo" Orar Sonreír ante el espejo	Comprarme maquillaje Llamar a un amigo/a Ir a una reunión Leer una novela romántica durante media hora	Comprarme flores Darme el gusto de comprarme unos zapatos nuevos Inscribirme en un gimnasio Asistir al gimnasio

Se vale abusar de los amigos

Las personas angustiadas tienden a alejarse de quienes probablemente puedan ayudarlas y apoyarlas más. En lugar de permitir que los amigos y la familia les den una mano, tratan de hacer todo solas y se apartan de quienes se preocupan por su bienestar. Aunque no hay investigación al respecto que nos diga exactamente por qué, la experiencia dice que esta actitud se debe en parte a desconcierto, en parte a culpa y en parte a vergüenza, todos estos sentimientos muy legítimos y frecuentes en la gente que vive con un bebedor problemático. Sin embargo, aislarse es contraproducente e innecesario. Haz a un lado ahora mismo los sentimientos y las ideas que te aprisionan y alejan de quienes te apoyan, y haz tuyo el mensaje de la vieja canción de los Beatles: "Puedes superarlo con un poco de ayuda de tus amigos". Aquí está cómo hacerlo:

En primer lugar, piensa en tu círculo familiar, los amigos y conocidos. Entre ellos hay algunos con los que sientes más cercanía, otros con quienes te diviertes y aquellos que serían los últimos seres de la tierra con los que desearías pasar un solo instante. Empieza por tachar a este último grupo de tu lista de apoyadores. Te has quedado con una lista de quienes de veras pueden llenar varias necesidades en tu vida.

Probablemente la mayoría de quienes pusiste en tu lista sea gente con la que disfrutarías pasar el tiempo en una ocasión informal, tan solo para divertirte. Pero con algunos, tal vez, quisieras hablar acerca de tu situación. Necesitarás dos estrategias diferentes para cada uno de los grupos. Hablemos primero acerca de cómo puedes estrechar tu contacto con el primer grupo, el de los amigos informales.

Crea un círculo social

Si en buena medida te has retraído a causa de la forma de beber de tu ser querido, quizá te sea difícil reingresar al ámbito social. Recuerda, sin embargo, que si hubiera alguna dificultad no está más que en tu mente. Cuando invitas a alguien al cine o a comer, tu incomodidad tal vez provenga de tus preocupaciones acerca de cómo reaccionará tu invitado; pensará que eres lanzado, tonto, que estás desesperado o quién sabe qué más. No obstante, si te pones en los zapatos del otro e imaginas que alguien te invitara a estar juntos, ¿qué pensarías? Probablemente te sentirías halagado, creerías que le agradas a esa persona y, en general, te sentirías complacido. ¿Por qué pensar que otras personas juzgarán una invitación más acremente de lo que tú lo harías? Aunque te rechazaran, no habría mayor problema: quedaría la posibilidad de haber creado un nuevo contacto y de que él y tú estén de acuerdo con que, si no se dio hoy, será en otra ocasión. Mientras más gente contactes, más probablemente descubrirás nuevos amigos y enriquecerás el repertorio de placeres en tu vida.

Busca un confidente

Acercarte a aquellos con quienes quieras compartir tu carga puede ser un poco más difícil. Sin embargo, es factible. Aquí te decimos cómo.

En primer lugar, identifica tu objetivo. ¿Quieres que esa persona solamente te escuche, que te dé consejo, que te proteja físicamente, que te preste dinero o que de inmediato te lleve a una isla desierta? Ten muy claro lo que vas a pedir. No te compliques ni pierdas de vista tu objetivo. Por ejemplo, los objetivos razonables podrían ser: "Quiero contar con alguien con quien pueda hablar de las frustraciones que me provoca el problema de mi esposa con la bebida, y no quiero que ese alguien me juzgue o me desprecie".

Una vez que tengas una meta, resuelve quién es la persona a la que te conviene acercarte. ¿En quién puedes confiar?, ¿quién es un buen amigo? Decide con quién compartirías tus confidencias.

Luego decide *cómo* le pedirás que sea tu confidente. ¿De qué manera le hablarás? Nuestra sugerencia es que te acerques a él/ella con franqueza. En lugar de andarte por las ramas o con indirectas, solo di lo que quieres. Por ejemplo: "Dale, tú y yo hemos sido amigos durante años y sabes que Gina tiene problemas con el alcohol. Quisiera saber si me darías un rato para hablar y que pueda entender qué está pasando con mi vida. Solo necesito que me escuches y apoyes. ¿Harías eso por mí?". Nota que esta persona fue muy directa y concreta acerca de lo que esperaba de Dale.

Si ya elegiste cómo te vas a expresar con él, solo hay dos pasos más. El siguiente, si te sientes nervioso por pedir ayuda, es practicar cómo hablarle. Puedes hacerlo imaginándote a ti mismo hablando con tu amigo, o ensayando en voz alta. El espejo es un "compañero" permanente para practicar pequeños parlamentos como este. Comoquiera que lo hagas, lo importante es acabar con tu nerviosismo de tal manera que seas capaz de *hablar*.

Esto nos lleva al último paso. ¡Anímate ya!: es difícil acabar con los problemas solo. Todos, ocasionalmente si quieres, necesitamos ayuda, y todos podemos sortear los momentos difíciles si nos permitimos abusar —no excesivamente— de nuestros amigos.

Si no estás seguro de poder expresarte de manera convincente acerca de situaciones delicadas, utiliza la actividad 15 para identificar a alguien en quién confiar, y asienta en tu cuaderno las frases que vas a decir para solicitar el apoyo de quienes hayas decidido. Tener un plan escrito facilita la tarea. Líneas abajo puedes ver cómo Vanessa decidió solicitar la ayuda de una amiga de toda la vida. Haz tu propia actividad en tu cuaderno.

Actividad 15. Pide ayuda

¿A quién le pedirás que te apoye?
A Erica: hemos sido amigas desde el jardín de niños y vive cerca, así que será fácil que nos reunamos.

Repite para ti las siguientes frases:
1. No hay nada malo en pedir ayuda a los amigos. Todos necesitamos ayuda alguna vez.
2. No soy culpable de nuestros problemas. Si bien contribuyo a mejorar o empeorar las cosas, no soy quien está destruyendo nuestras vidas con la bebida. Estoy trabajando para solucionar los problemas.
3. Ayudar a los demás hace que la gente se sienta bien consigo misma, así que se vale que le pida ayuda a esta persona.

Anota lo que hayas pedido. Dile a la persona cuál es el problema y sé muy claro en lo que pides.

Erica, de veras necesito hablarte acerca de un problema. Hemos sido amigas toda la vida, y sé que puedo confiar en ti. Antes de que digas algo, solo quiero que me escuches un par de minutos. Necesito que seas mi amiga de confianza.

Como sabes, la mayor parte del tiempo la he pasado en mi casa cuidando a mi papá. Bueno, pues su problema es peor de lo que te imaginas. Cada vez más se me sale de control, y no sé qué hacer. Necesito alguien con quién hablar que no me juzgue o me haga pasar un mal rato. Te quiero y necesito tu apoyo. ¿Puedo contar contigo para que me ayudes a superar esto?

Cuando hablamos con los clientes acerca de las autorrecompensas y de que pidan ayuda a los amigos y la familia, siempre están de acuerdo en que se trata de propuestas geniales y en que, definitivamente, las llevarán a cabo. Al finalizar la sesión, se van con la intención de seguir nuestro consejo, y entonces algo sucede que se los impide. La siguiente semana, cuando les preguntamos cómo les fue, pretextan que la "vida" no les dio oportunidad, que ni siquiera tuvieron tiempo de autorrecompensarse ni para conectarse con amigos. Pésima excusa. No fue la vida lo que se interpuso, sino la falta de planeación. La vida siempre está ahí, ya sea que estés tratando de encontrar tiempo para ejercitarte, llamar a un amigo o tomar una siesta. Tú *programas* tu tiempo y *te das* tiempo para aquello que te importa. No dejes que tus buenos momentos se queden para eterna memoria. Si en realidad quieres que en tu vida haya goce y apoyo, en este momento arranca la hoja de tu calendario y gánale al tiempo llevando a cabo las actividades de este capítulo. Asimismo, programa tus recompensas de acuerdo con los niveles 1, 2 y 3 cuando vayas a llamar a la gente que te ayudará a superar el problema y disfrutar de buenos momentos.

Resumen de acciones

Ayudar a los demás empieza con ayudarte a ti mismo. Comienza por reactivar tu vida social. Pide compañía. Pide ayuda. Trátate bien.

Recapitulando

- Define qué tipo de recompensas nivel 1, 2 y 3 quieres y conviértelas en realidad.
- Fija un plan de acción para incluir a otras personas en tu vida.

Kathy y Jim: el Palacio del Placer

Cuando Kathy y Jim comenzaron a salir, uno de sus lugares favoritos, al que iban los viernes en la noche, era una especie de restaurante-salón de baile llamado *El Palacio del Placer*. Con apenas una pequeña cantidad de dinero, comían hamburguesas aceitosas con papas fritas y bailaban hasta que acababan adoloridos. Cuando Kathy comenzó a pensar en inyectarle mayor diversión a su propia vida, se encontró a sí misma pensando cada vez más en El Palacio del Placer y empezó a llamar a esta parte del programa (pues estaba "reconstruyendo" ese antro) su *proyecto de rehacer su vida*.

El primer paso en el proyecto de reconstrucción de Kathy fue hacer una lista de cumplidos que ella sentía que merecía y prometerse a sí misma pararse frente al espejo cada vez que utilizara el baño y piropearse: "Soy una buena madre… una esposa leal… cariñosa… organizada… atractiva… tengo un porvenir".

Kathy también destinó en su agenda un tiempo para arreglarse las manos y los pies mensualmente (nivel 2) y se inscribió en la clase sobre el Romanticismo literario en una universidad nocturna (nivel 3). Además, decidió que ya era tiempo de hacerle confidencias a su hermana acerca de todo lo que sucedía y admitir que, por supuesto, necesitaba ayuda. Así pues, pensó con cuidado cómo le pediría a su hermana que, sin criticar a Jim (Kathy sabía que es difícil erradicar las costumbres de mucho tiempo, y que si su hermana decía algo malo acerca de Jim, ella saltaría para defenderlo y terminaría discutiendo con su hermana), la escuchara y la ayudara.

Kathy hizo planes muy concretos, sin dudar de lo que diría y cuándo lo diría, y se apegó a ellos. El efecto que los piropos ante el espejo tuvieron sobre Kathy la sorprendieron. Se descubrió a sí misma saliendo del baño cada tanto sintiéndose un poco mejor con ella misma y un poco más confiada respecto de su capacidad de lograr sus metas. Nunca imaginó que algo tan sencillo pudiera tener un efecto tan grandioso.

Cuando Kathy llamó a su hermana para pedirle que se vieran para hablar de algo importante, el corazón de esta dio un salto: no sabía si eso significaba que Jim de nuevo había golpeado a Kathy (lo supo desde la primera vez, incluso cuando Kathy pensó que lo había ocultado muy bien), o tal vez Kathy (no había razones para esperar eso) iba a dejarlo. Kathy fue muy clara con su hermana acerca de la clase de ayuda que necesitaba, y ella prometió apoyarla como se lo había pedido. Al final de la noche, Kathy sintió que alguien le quitaba un peso de encima. Lo superaría con un poco de ayuda y con la reconstrucción de El Palacio del Placer.

Capítulo 7
Deshabilitando al habilitador

Vanya y Juan

Vanya y Juan llevaban poco tiempo juntos y ella comenzó a pensar que había cometido un grave error. Se conocieron en la iglesia. Él inmediatamente se sintió atraído por la vital sagacidad de ella. Ella lo encontró guapo, viril, de naturaleza tosca y, no obstante, persuasiva: su poca preparación y falta de fineza le resultaron fascinantes. Juan nunca se graduó de la preparatoria, y estaba empleado en una compañía constructora. Era un hombre que trabajaba duro y jugaba mucho, muy diferente de los demás hombres que había conocido. Ella decía que lo que le faltaba de refinamiento lo tenía de masculinidad. Había algo primitivo y elemental que cautivó su imaginación, y pronto conquistó su corazón. Su vida en común era excitante al inicio..., pero pronto dejó de serlo: el consumo de alcohol de Juan se incrementó rápidamente, a la par de sus consecuencias negativas.

¡No lo arregles!

Como en tu relación eres la parte sana, naturalmente ha caído sobre ti la responsabilidad de mantener las cosas en su lugar y de volverlas a la normalidad cuando esta se derrumba. Es común que las personas en tu posición ignoren sus necesidades, en aras de "cuidar" al bebedor y a la familia. Desafortunadamente, por ser tan "cuidadoso" cometerás dos errores o conductas que *no* ayudan. Una es que mantienes a flote las vidas de los demás a costa de arruinar la tuya. En el afán de "salvar" a los otros, te pones en riesgo consumiendo poco a poco mayor cantidad de tu reserva de energía. A la larga habrás utilizado tanta que sobrevendrá el colapso (físico, mental, emocional). Así, tus esfuerzos serán cada vez menos efectivos, hasta que quedes totalmente agotado.

La otra consecuencia de componerlo todo es que este comportamiento facilita al bebedor continuar con su hábito: mientras todo esté en orden (con el jefe, la familia, la casa), para qué cambiar. El término que describe este círculo vicioso: bebedor, bebiendo, descomponiendo, destruyendo, y tú, la parte no bebedora, componiendo, ordenando, se conoce como *habilitador*. Mientras estés ahí arreglando todo lo que sale mal le muestras al bebedor que aceptas su alcoholismo; tus palabras podrán ser reproches, críticas constantes, discusiones, pero tus actos le dicen: "Aquí estoy para facilitarte el consumo".

Cuanto más des, el bebedor tomará más y más de ti, hasta el punto en que tu vida no te pertenecerá. En adelante todo lo que hagas se centrará en evitar las consecuencias de la conducta de "tu" bebedor, arreglar sus desastres o sentirte cada vez más frustrado, humillado, iracundo y atrapado en su red. Lo que comienza con buenas intenciones para ayudar a tu bebedor se convierte en un veneno para la relación, el cual facilita tanto que tu ser querido beba como que te sientas utilizado y enojado.

Para ejemplificar esto, consideremos nuevamente a Juan y Vanya. Juan es un bebedor consumado que ha perdido varios empleos por su hábito. Su modelo de bebida es el de controlar el consumo durante la semana para evitar problemas laborales pero, llegado el fin de semana, bebe sin control; en consecuencia, el lunes no se presentará al trabajo. Después de varios "plantones" y de repetidas ocasiones de reportarse enfermo, lo despiden. Esta conducta la ha repetido durante años. A Vanya le preocupa que llegue a perder el nuevo empleo. Juan se controla las dos primeras semanas; sin embargo, al llegar los días de descanso, se junta con los amigos, olvida su preocupación, se deja llevar y termina totalmente ebrio. Vanya no logra levantarlo de la cama el lunes, y a petición suya hace la llamada a su jefe para decir que está enfermo y, con ello, evitar que lo despidan del empleo que tanto necesitan para sostener a la familia. ¿Acaso no es esto lo que cualquier pareja amorosa haría? Claro. Pero si observas con más cuidado, Vanya le está enviando un mensaje tácito a Juan. A través de sus actos le está diciendo: puedes beber cuanto quieras y comparto contigo la responsabilidad. Juan puede beber sin consecuencia alguna.

Cualquiera puede ser un "habilitador". A continuación te damos algunos ejemplos. ¿Podrías identificar este comportamiento —muy frecuente en nuestra práctica— en cada uno de ellos?

Alan tiene poco más de 20 años, sus amigos lo describen como *un parrandero empedernido,* de lo cual se siente orgulloso. La mayoría de las noches la pasa de fiesta, bebiendo sin restricción, y duerme hasta pasado el mediodía. No es necesario decir que no logra éxito alguno en el trabajo; como consecuencia, sigue viviendo con sus padres. Ellos están muy afectados por el comportamiento de su hijo, pero lo aman y lo ayudan en todo lo que pueden. No lo reprenden por sus hábitos ni le cobran renta o le piden contribución alguna para el sostén de la casa. Piensan que si le proveen y lo mantienen a "salvo" pronto "sentará cabeza" y, al fin, madurará.

George se preocupa tanto ante la posibilidad de que su esposa tenga un accidente automovilístico de vuelta a casa tras haber visitado algún bar, que siempre le tiene su licor favorito esperándola: "Así —razona— no será necesario que se detenga en el camino de vuelta a casa", y con ello evita cualquier riesgo. Después de todo, piensa George, "beberá de cualquier manera: mejor que lo haga en casa y se salve de morir en un choque".

Alicia tenía 16 años cuando le impusieron la primera multa por manejar bajo la influencia del alcohol. Volvía a casa después de disfrutar de un partido de futbol americano en su preparatoria el viernes por la noche, y la detuvieron por conducir a muy baja velocidad: sopló y no pasó la prueba de alcoholemia. Avisaron a sus padres, quienes se apresuraron a ayudar: pagaron la multa, recogieron el vehículo y condujeron a su hijita sana y salva hasta la camita. Contrataron un costoso abogado para que la niña quedara absuelta y sin responsabilidad por sus actos. Sintiéndose que habían salvado a su hija de un trauma considerable, hicieron que les prometiera que no bebería si tenía que conducir, pero no le quitaron el automóvil dado que lo "necesitaba" para ir a la escuela.

Los padres de Alan, los de Alicia, George y Vanya desean el bien para sus seres queridos. Sin embargo, son responsables o culpables de "arreglar" o "habilitar". A través de su amor o ignorancia facilitan que ellos beban impunemente. Juan no tendrá que levantarse *crudo* y enfrentar a su jefe con sus excusas. Alicia aprendió que puede librarse de cargos aun habiendo quebrantado la ley; no hay razón para cambiar. Alan no necesita hacer nada: está orgulloso de sí mismo. Ahí están sus padres para apoyarlo, son la garantía para no modificar sus hábitos. George habilita a su esposa para que se alcoholice, haciendo su hábito seguro y sencillo; ella ni siquiera reflexionará sobre el daño que también le causa a su amoroso esposo. Para todos estos bebedores no hay costo ni consecuencia de su conducta: ¡son libres de beber sin restricción!

Lo más difícil de hacerle a un ser amado es permitir que experimente naturalmente las consecuencias de sus actos, pero debes permitirlo. Piensa acerca de los comportamientos de "habilitar" que podrían estar estimulando a tu bebedor, y en sus efectos en él.

La actividad 16 te ayudará a eliminar esos pensamientos. Como puedes ver en el ejemplo de Mark (Capítulo 4), entendió que todo lo que hizo por María para motivarla a cambiar tuvo el efecto contrario, facilitándole el continuar bebiendo. Realiza la actividad en tu cuaderno.

Actividad 16. Habilitar las conductas

¿Cómo facilitas o qué haces para que a tu ser amado le sea más sencillo beber? ¿Cómo sería si no te tuviera a ti o a alguien que se comporte como tú?

Comprarle alcohol, deshacer sus entuertos, inventar excusas cuando no asiste a sus compromisos, dejar que mienta (porque estás muy triste como para cuestionarlo), recogerlo cuando no es capaz de conducir, acostarlo cuando no se sostiene en pie.

Es difícil erradicar los viejos hábitos

Conforme te acerques a tus metas y te alejes de tu comportamiento de arreglar/habilitar todo, experimentarás vívidamente la verdad del dicho: "Qué difícil es cambiar los viejos hábitos"… En realidad *es muy difícil*. Tú y tu bebedor han estado interactuando de la misma forma durante largo tiempo, están tan acoplados como una experta pareja de bailarines. Pueden apretar los botones emocionales sin levantar un dedo. Por otra parte, lo familiar, lo cotidiano, resulta más confortable que lo novedoso (sobre todo en el terreno emocional), de modo que cambiar para mejorar resulta molesto en un inicio. Tu bebedor reaccionará al cambio y tú también descubrirás que te resistes a este, no obstante que sea tu decisión.

Lo hemos visto una y otra vez: alguien entra en tratamiento porque su vida con un bebedor se ha tornado tan insoportable que cualquier tipo de cambio resultaría una bendición. Acto seguido, la relación verdaderamente empieza a cambiar, pero la persona que asiste a la clínica en busca de alivio flaquea:

"Lo amo tanto, es tan buen hombre. El alcohol es el malo".

"Ella es mi hijita, no puedo abandonarla".

"Hemos estado juntos 17 años, no puedo cambiar ahora las reglas del juego".

"Qué tal que si por tratar de cambiar me abandona".

"Es mi padre y lo quiero".

"Si no lo protejo, ¿qué pensará la gente de nosotros?".

Hemos escuchado cientos de razones para mantener las situaciones como están una vez que se enfrenta la incomodidad inherente al cambio. La verdad, sin embargo, es que las razones y los sentimientos de las personas decididas a cambiar (como tú cuando comenzaste este libro) prevalecen. Tu frustración, enojo, depresión y espera para que se dé el cambio siguen siendo reales. Cuando te descubres pensando: "Las cosas no están tan mal", quizá solo estás reaccionando al estrés que provoca el cambio. Es arduo, pero si tienes claros tus objetivos podrás seguir adelante y triunfar. Nada cambia mágicamente. Tu bebedor no se convertirá de la noche a la mañana en una nueva persona, y recuerda: no puedes seguir haciendo lo que has hecho durante tanto tiempo. ¡No funciona!

Hábitos que no funcionan

Tú y tu bebedor son únicos; sin embargo, algunos hábitos son tan comunes que apostamos sin titubear a que reconocerás como propios algunos de los siguientes ejemplos.

Arreglar

Tú "arreglas" lo que tu bebedor rompe, descompone. Día a día haces que todo vuelva a la normalidad. Tu bebedor se levanta demasiado crudo como para asistir a su trabajo, entonces haces la llamada a su jefe y ofreces las "excusas". O ella regresa a casa borracha y vomita el piso: tú te pones a limpiar. O bien, el teléfono suena a las 2 de la mañana: ella está a salvo (afortunadamente), pero no recuerda dónde dejó el auto. Te pide que la recojas: y vas.

Desde tu posición, arreglar puede resultar sensato y humano. ¿Quién siendo una buena persona podría abandonar en la calle al ser que ama o dejarlo que duerma sobre su vómito? De acuerdo, si la situación fuera esporádica… Cada vez que arreglas una situación de tu bebedor, este recibe una nueva y contundente lección, y ¿qué es lo que aprende? El bebedor aprende que no importa lo irresponsable que sea su comportamiento. ¡No hay consecuencias de sus actos! Seguramente tendrá que soportar tus quejas al día siguiente, ¿pero qué es un pequeño regaño, si obtienes lo que quieres, sin costo, sin responsabilidad?

En lugar de arreglar
Si quieres que tu bebedor cambie de estilo de vida, a toda costa debes dejar que se responsabilice de ella. Si regresa a casa ebrio, "con toda la comida y los cocteles sobre su vestido", deja que duerma así. Será una enseñanza positiva el que despierte apestando a vómito, más que si lo hubieras cambiado y acostado confortablemente. Si es suficientemente adulto como para embriagarse y

amanecer *crudo*, que lo sea también para afrontar al jefe la mañana siguiente. Si tu bebedor se pone beligerante e insulta a sus padres, déjalo, y que sea él quien tenga que ofrecer disculpas y arreglar las cosas. ¡Deja de proveer! No es fácil (tú también tendrás que dormir con el olor a vómito), pero a largo plazo valdrá la pena.

Regañón, fastidioso

Pensamos llamarle a este hábito *aleccionador* o *instructor*, ya que *regañón* y *fastidioso* tienen una carga negativa y tu intención lo menos que tiene es eso. Pero seamos honestos. Desde el punto de vista de tu bebedor, tus constantes consejos no son más que los regaños de una vieja fastidiosa.

Por ejemplo, si llega ebrio a casa, le recuerdas el terrible impacto que tiene su hábito en la relación. Estás molesto, preocupado, tienes el derecho de manifestar tus sentimientos. Sin embargo, su respuesta es ignorarte e irse a dormir. Durante años han repetido este esquema: él regresa ebrio y tarde, y tú lo aleccionas rezongando.

La consecuencia es que estás reforzando (recompensando) su comportamiento y actitud; él volverá más tarde y borracho, y la naturaleza humana no desperdicia energía en comportamientos que no dan fruto. Si alguien repite una y otra vez lo mismo, no dará ningún resultado, puedes apostarlo.

Un ojo entrenado puede ver lo obvio; pero tus sermones puede que no le molesten tanto a tu pareja, ya que continúa con su mismo esquema mes tras mes. De hecho, puede ser que incluso disfrute tus regaños o que goce con tenerte a su entera disposición. A pesar de que decides esperarlo despierto para sermonearlo cuando llegue, es su conducta la que te orilla a hacerlo, lo cual puede analizarse como un juego de poder.

Tu bebedor puede sentirse un tanto raro por la aprobación que recibe al verte levantado esperándolo. Piensa que por mucho que beba o lo tarde que llegue, tú estarás despierto, si bien con la misma cantaleta, al pendiente de que llegue a salvo. La lección para el bebedor vuelve a ser que, no importa lo que haga, tú lo apoyas y arropas. Recibe todos los beneficios a expensas de ti.

En vez de pelear y reprochar

En tus pláticas con tu bebedor, trata de que cualquier aseveración que formules esté precedida de un "Yo siento", para que se dé cuenta de que te hiere con su conducta, pero abstente de atacarlo o reprocharle. Pero si quieres decirle cuánto te lastima, adelante: que disfrutes la discusión que viene. Sin embargo, si lo que estás tratando es que modifique su comportamiento, mantén claro en tu mente el objetivo y utiliza tus palabras solo para hacerle saber que te está lastimando.

Recuerda el ejemplo del Capítulo 5, donde la madre critica constantemente a John por llegar tarde a cenar por quedarse a beber con los amigos. Suponemos que su objetivo es que John vuelva a casa a salvo, sobrio y a tiempo para comer con la familia; sin embargo, al reprenderlo, las dos posibles respuestas de John son salir de casa y continuar bebiendo, o que se enoje y se ponga grosero. En definitiva, es tiempo de tratar de poner en práctica algo distinto. En vez de que la madre reproche, debería probar con una frase donde diga "Yo siento". Podría ser: "Me siento mal cuando sé que estás bebiendo", o bien, "Te extrañamos cuando no llegas a cenar con la familia", y no discutir. Más tarde, cuando esté sobrio y la madre sienta que además está de buen humor, podrá acercarse a él y decirle lo más positivamente posible que le gustaría verlo en casa en el futuro y lo que hará si no se presenta. Por ejemplo, podría decir: "No voy a preocuparme si no llegas a tiempo, ni a esperarte despierta; saldré a hacer mis cosas sin importarme si llegas. Si no me encuentras, no te preocupes. Seguramente fui a visitar a mi madre, o a una reunión de los Doce Pasos de Al-Anon".

Proteger

A pesar de que proteger a los seres queridos suena como una buena idea, tal vez no lo sea. Al igual que arreglar y criticar constantemente, proteger puede tener un efecto negativo. Algunas veces protegiendo a las personas les impedimos aprender cómo cuidarse a sí mismas.

Considera a la esposa que llama a la oficina repetidas veces para reportar "enfermo" a su bebedor. Cada vez que lo encubre lo incita a beber. Él vuelve a la bebida sin enfrentar las consecuencias. No tiene que arrastrarse hasta el trabajo sintiéndose fatal. No tiene que soportar el malestar de mentirle al supervisor. Ni siquiera tiene que despertar y levantarse temprano para llamar al jefe y decir que está enfermo. Todo lo que tiene que hacer es continuar bebiendo cuanto desee, confiado en que la esposa pagará el pato por su conducta. Lleva todas las de ganar.

Tanto la ciencia como la experiencia nos dicen que si el bebedor no asume la responsabilidad por su hábito y las consecuencias negativas que de ello se desprenden, el comportamiento no deseado permanecerá. Efectivamente, el típico curso de los acontecimientos negativos irá en aumento. Si deseas que mejore, si realmente quieres ayudar a tu bebedor, debes dejar de protegerlo.

A menudo las personas nos comentan que compran licor para sus bebedores con el fin de mantenerlos en casa y a salvo. Razonan de esta manera: "Si le compro su licor favorito vendrá a beber a casa sin detenerse en un bar y ponerse en riesgo de un accidente automovilístico o ser detenido por conducir en estado de ebriedad". Una variación a esto es "Yo llamo cuando está ebrio por la mañana para evitar que lo despidan y nuestra vida se vaya por el caño". Suena completamente razonable, pero ¿lo es?

Para empezar, el hecho de comprar licor es dar tu consentimiento para que beba en casa, y si le das permiso de beber en casa, no hay más que un pequeño paso para que estés de acuerdo con que lo haga en cualquier otro lugar. ¿Qué sucede si, después de estar bebiendo en casa durante un par de horas, *entonces* decide salir y continuar en un bar? Tus esfuerzos no solo habrán sido infructuosos sino también contraproducentes. Aunque sientas que lo estás protegiendo, este razonamiento tuyo lo que provoca en realidad es alimentar su alcoholismo.

En vez de proteger
Una forma más consciente de "ayudar" puede ser redactar una lista de las actividades que tu bebedor disfruta sin tener que ingerir alcohol, sobre todo aquellas que se dificultan en estado de ebriedad y que pueden

llevarse a cabo en el tiempo que suele beber, y comprometer a tu ser querido a que las realice. También considera abastecerlo con sus bebidas no alcohólicas preferidas, o bien ofrécele comida que le guste como alternativa al alcohol.

A continuación encontrarás un cuestionario; al responderlo podrás confirmar si eres una persona "protectora". Por ejemplo: si has comprado tres veces licor en los últimos seis meses para que beba en casa, coloca el número 3 en el renglón que antecede a la frase correspondiente.

Número de veces	Acción protectora
_____	Recoger a tu bebedor en un bar a mitad de la noche.
_____	Llamar al jefe de tu bebedor para explicar su ausencia.
_____	Pagar una cuenta vencida para evitar que el dueño del bar levante cargos.
_____	Inventar excusas ante la familia dado que tu bebedor no se presentó en una ocasión especial.
_____	Excusarlo/a ante la familia o amigos por la ebriedad y el comportamiento desagradable de tu bebedor.
_____	Llevar licor a casa para que tu bebedor no tenga que salir a beber.
_____	Rehusar hacer planes familiares porque no te quieres exponer a la conducta de tu bebedor, sobre todo en épocas malas.

_____ Negarte a hacer planes con los amigos por temor al comportamiento de tu bebedor.

_____ Contar anécdotas de otros que beben más que tu bebedor.

_____ Sacar a tu bebedor de la cárcel.

_____ Ayudar a tu bebedor a encontrar objetos que perdió mientras estaba ebrio.

_____ Lavar su ropa sucia.

_____ Actuar como enfermera mientras está ebrio.

_____ Curar las heridas que tu bebedor se produjo mientras estaba ebrio.

_____ Esconder el comportamiento a los niños y la familia.

_____ Persuadir a los miembros de la familia de no discutir problemas de alcoholismo.

_____ Convertirte en el despertador de tu bebedor para que llegue a tiempo.

_____ Hacerle comida especial para la *cruda*.

_____ Decirle a tu bebedor después de un comportamiento inadecuado "que no estuvo tan mal".

_____ Consolar a tu bebedor cuando se siente culpable o tiene remordimientos.

_____ Restarle importancia a la gravedad del comportamiento de tu bebedor.

_____ Recortar tus gastos porque tu bebedor despilfarra en bebida.

Calcula tu "marcador" sumando todas tus respuestas. Si tu marcador es mayor a cero, es tiempo de que empieces a ponerle un alto a tu comportamiento y dejar que tu bebedor se responsabilice de sí mismo. Cualquier resultado diferente de cero significa que te estás

castigando por su comportamiento, una estrategia per-
dedora: tú pagas, y él/ella aprende que es correcto. Pero
¡*no* es correcto!

¡Fuera con los viejos hábitos!

Ahora que sabes cómo los viejos hábitos han apoyado
el comportamiento de tu bebedor, veamos cómo los esfuerzos pasados han fracasado para que tu ser amado
deje de beber: no querrás continuar fracasando en nuevos intentos. Para ello necesitas erradicar los viejos comportamientos y dejar espacio a los nuevos. Para lo cual
debes pensar en las estrategias que has utilizado durante años y han fracasado. Estimula tu memoria con los
ejemplos que se muestran a continuación. Revisa cada
estrategia que has probado y añade a la lista cualquiera
que falte.

¿Alguna vez…

_____ le pediste que dejara de beber o que bebiera
menos?

_____ ocultaste el licor o lo tiraste?

_____ le entregaste impresos de Alcohólicos Anónimos u otra información para dejar de beber?

_____ lo alentaste para que viera a un consejero
espiritual?

_____ te separaste en forma temporal?

_____ escondiste su cartera, chequera o tarjetas?

_____ le pediste ayuda a un amigo o compañero
de trabajo?

	te embriagaste para mostrarle a tu bebedor lo que se siente?
_____	lo amenazaste con divorciarte?
_____	lo amenazaste con llevarte a los niños?
_____	has encubierto sus errores cometidos al beber y dejado que se sintiera culpable por ello?
_____	evitaste a la familia o los amigos debido a su problema de bebida y permitiste que se sintiera culpable por ello?
_____	has tenido discusiones por su forma de beber?
_____	le has dicho que perdió tu confianza y respeto?
_____	lo has acusado de avergonzarte en público por su estado de ebriedad?
_____	has llamado a la policía o al número de emergencia para que lo obliguen a dejar de beber?
_____	has registrado la casa o el auto en busca de botellas de alcohol?
_____	has razonado con tu bebedor respecto de los pros y los contras de beber en demasía?
_____	le has rogado a tu bebedor que lo deje?
_____	(Escribe otras tácticas que hayas probado y no han funcionado).

Si has puesto a prueba una o varias veces estas prácticas y tu ser amado continúa bebiendo, de seguro estas tácticas no funcionan. Así que revísalas, estúdialas y tíralas a la basura. Olvídate de ellas y reemplázalas con algo más productivo. ¿Qué tienes que perder? Si no funciona, no estarás peor que antes de empezar, y nuestra experiencia nos dice que más de 75% de las personas que han usado esta estrategia han obtenido resultados satisfactorios. No hay razón para pensar que no los habrá para ti.

¡Bienvenido lo nuevo!

Aunque todas esas tácticas insatisfactorias no hayan funcionado, estás por reemplazarlas con una nueva y convincente técnica. Las actividades atractivas que enumeraste antes, en el Capítulo 6, lenta pero seguramente irán reemplazando a las negativas, tales como evitar a los amigos porque te avergüenza su hábito y prefieres quedarte en casa para mantener vigilado a tu bebedor. Los tres capítulos siguientes (8, 9 y 10) te darán pistas y detalles de cómo reemplazar el comportamiento habilitador y permisivo con conductas constructivas.

Resumen de acciones

Revisa tu interacción con tu ser amado y localiza cuál es tu comportamiento que refuerza su hábito. Mantén ojo avizor a tu arreglar, criticar constantemente y proteger.

Recapitulando

- Arreglar los desastres que causa tu ser amado por su abuso de alcohol solo le facilita seguir bebiendo y cometiendo los mismos errores una y otra vez. Permitirle que experimente las consecuencias de su comportamiento favorece sin duda un resultado y un cambio positivos.

- En vez de que gastes tu energía en criticar constantemente y recordar a tu amado sobre las consecuencias negativas de las adicciones, dile cómo te sientes al respecto y después pasa a otro asunto.
- Algunas veces, al tratar de proteger a una persona la lastimamos. Asegúrate de que tus esfuerzos por mantener a salvo a tu ser amado sean constructivos, por ejemplo, alentándolo a disfrutar actividades "no alcohólicas" en vez de destructivas, como mantener licores en casa para evitar que beba en la calle y se accidente.

Kathy y Jim: pagar el pato

El concepto de *habilitador* sacudió a Kathy la primera vez que escuchó sobre él. "¿Significa que la he estado regando todos estos años?", se preguntó Kathy angustiada. "Pero he estado tratando de ayudarlo con no fomentarle la bebida".

Después de calmarse entendió que su intención no era mala, sino que los resultados no eran los que ella pretendía. Está resuelta a hacer cambios efectivos y productivos; revisó sus respuestas típicas al hábito de Jim e identificó sus comportamientos habilitadores con el objetivo de cambiarlos.

Aunque Kathy decidió cambiar una buena cantidad de conductas, la más importante fue su hábito de proteger a Jim para evitar que desilusionara a los niños.

Antes, siempre que llegaba a casa tambaleándose y arrastrando la lengua se apresuraba a enviar a los niños a su recámara o afuera para evitar que lo vieran. Siempre hizo grandes esfuerzos para impedir que él luciera mal delante de ellos. Pero ya no más.

La siguiente vez que Jim arribó en "ese estado", derrumbándose dentro de la casa y arrastrando las palabras, ella, aun sabiendo lo importante que era para él mantener el respeto de sus hijos, les permitió que vieran a su padre ebrio, quien no atinaba siquiera a colgar su abrigo. Jim trató de caminar derecho hacia los niños, pero habló desarticuladamente y los niños retrocedieron. Estaban asustados y se lo demostraron. Jim trató de preguntarles cómo les había ido; la niña menor empezó a llorar y corrió hacia su madre. Jim permaneció inmóvil durante un rato. Después dijo: "Mierda", y se retiró a su habitación. Kathy lo escuchó darse una ducha y meterse en la cama.

Esa noche, algo cambió…

Capítulo 8
Resolver los problemas

Richard y Louise

Richard y Louise llevaban siete años de casados cuando ella comenzó a prepararse un trago en cuanto llegaba a casa del trabajo cada noche. "Lo necesito para relajarme", decía. Al principio, Richard no pensaba mucho en eso, pero conforme transcurrió el tiempo, Louise pasó de uno a dos o tres tragos por sentada, y acabó por adquirir el hábito de saltarse la cena, tomar durante toda la noche y quedarse dormida en el sillón.

Richard intentó todo lo que sabía para hacer que Louise se detuviera. La regañaba y la hacía sentir culpable e inútil. En sus alegatos, apelaba a su sentido del deber hacia la familia. Se ponía furioso con ella; a menudo la amenazaba con dejarla o echarla a la calle. Nada funcionaba.

Finalmente, Richard decidió ver el viejo problema desde una perspectiva diferente...

Viejos problemas desde otro punto de vista

Mientras recorres el camino del cambio, enfrentas el reto de discurrir nuevas formas de manejar la situación que ya has manejado miles de veces, aunque de maneras que no funcionaron muy bien. La estrategia que te enseñamos para resolver el problema está ideada para ayudarte a diseñar soluciones que funcionen. Al seguir los pasos planteados aquí, podrás imaginar varias soluciones posibles y tomar las mejores decisiones acerca de cuáles utilizar.

Paso 1: Define el problema

La clave para resolver el problema es describirlo con mucha precisión. Mientras más exacta y cabalmente puedas describir lo que es necesario cambiar, será más fácil cambiarlo. Por ejemplo, como Richard describió con cierta vaguedad el problema que tenía con Louise ("Bebe en demasía y echa a perder nuestros momentos juntos"), no le fue fácil descubrir las estrategias para cambiar su situación. Intentó hablar con ella, gritarle, llorar, incluso ignorar el problema, pero de un modo u otro siempre se sentía como si estuviera usando equipo de buceo para practicar paracaidismo. Cuando finalmente se sentó y se preguntó exactamente qué situaciones y comportamientos compaginaban con su "beber en demasía", descompuso en problemas más pequeños y manejables el gran desorden que él sentía que era su vida. En este caso, logró definir el problema como el modelo de Louise de reaccionar a un estresante día de trabajo mediante el recurso de beber en exceso. Cuando Richard lo vio de este modo, pudo observar que la reacción de ella al estrés le ofrecía a él un buen punto de partida. Así, definió el problema como tener que concebir una nueva forma de disminuir los efectos del estrés en el trabajo y ayudarla a relajarse sin beber.

Paso 2: Lluvia de ideas

La mejor manera de encontrar nuevas ideas es desenchufar tu editor interno. En otras palabras, hacer una lista de cada posible solución que se te pueda ocurrir, *sin importar si tiene sentido, es razonable o por completo absurda*. La lista de Richard de todas las formas posibles (razonables o absurdas) en las que podía ayudar a Louise a relajarse sin beber de más se muestra líneas abajo. Como puedes ver, pudo apagar esa voz interior que llamamos *nuestro editor interno*: la conoces de sobra, es esa que dice: "No es una buena idea " o "Nunca funcionará". Una vez que Richard hizo la lista más larga que pudo imaginar, siguió adelante con el paso 3.

**Lista de la lluvia de ideas de Richard
para ayudar a Louise a relajarse**

• Decirle que se calme • Ofrecerle un té • Quitarse de encima a los niños • Frotar su cuello • Rentar su película favorita • Ponerle como límite un solo trago • Ofrecerle hacer la cena	• Prepararle un baño • Darle un masaje • Cantarle • Bailar con ella • Llamarla egoísta • Recordarle que todos tenemos días difíciles • Planear unas vacaciones • Lavarle el cabello • Hacer un berrinche	• Hacerla sentir culpable • Poner una grabación de relajación • Tener sexo desenfrenado • Poner música suave • Dar un paseo por el parque • Darle de comer helado

Paso 3: Evalúa y selecciona una solución

Cuando tu lista sea lo más larga que puedas hacerla y tu editor interno esté tan apaciguado como puedas lograrlo, es hora de elegir algunas de tus ideas. Obviamente, puedes tachar de inmediato las poco razonables. Ahora repasa el resto y valora cada idea según creas qué tan probable es que funcione y qué tan fácil es llevarla a cabo. Recuerda sobre todo que si se supone que la actividad que elijas debe competir con la bebida, tendrá que recompensar a tu bebedor. Asimismo, no te quedes nada más con tu idea favorita e ignores el resto: podrías descubrir que la favorita no funciona y necesites un refuerzo. Valora cada una de ellas y encierra en un círculo la que estimaste más factible y con mayor probabilidad de éxito. Esta es tu primera selección para la solución de tu problema. Este es tu plan.

Puedes ver lo que hizo Richard con su lista de lluvia de ideas en el paso 3. Felizmente, él decidió que quitarse de encima a los niños no era una opción. También eliminó unas cuantas ideas que, sintió, no eran razonables. Como puedes ver, sacó en conclusión que un masaje en el cuello y el ofrecimiento de preparar la cena mientras ella se bañaba fueron sus dos primeras elecciones.

Evaluaciones y selecciones de Richard

Desechadas	Posibilidades	¿Qué tan probable?	¿Qué tan fácil?
• Decirle que se calme	*Ofrecerle hacer la cena*	*Mucho*	*Muy fácil*
• Quitarse de encima a los niños	Prepararle un baño	Mucho	Relativamente fácil

• Hacer un berrinche	Darle un masaje	Mucho	Relativamente fácil
• Hacerla sentir culpable	Cantarle	¡Nada!	Muy fácil
• Recordarle que todos tenemos días difíciles	Ofrecerle un té	Poco	Muy fácil
• Llamarla egoísta	Rentar su película favorita	Poco	No es conveniente
• Tener sexo desenfrenado	*Frotarle el cuello*	*Mucho*	*Muy fácil*
• Dar un paseo por el parque	Planear unas vacaciones	Poco	Relativamente fácil
• Ponerle como límite un solo trago	Lavarle el cabello	¡Ni idea!	No es conveniente
• Poner una grabación de relajación	Poner música suave	Poco	Muy fácil
• Bailar con ella	Darle de comer helado	Poco	Muy fácil

Paso 4: Ponlo a prueba y lleva un registro

Una vez que tengas un plan de acción, ponlo a prueba. Pero no vuelvas a hacer lo que has estado haciendo durante todos estos años: probar, probar y probar. Esta vez trabaja como un científico. Esto significa que pongas en práctica tu plan y lleves un registro de cómo funciona. De hecho, lo mejor es redactar cómo manejarás el problema la próxima vez que ocurra y hacer notas lo más pronto posible después de que hayas probado cualesquiera de tus planes. De esta forma podrás decir exactamente qué tan bien funcionó, o si se quedó corto, qué partes es necesario ajustar. A veces no tendrás que ajustar tu plan sino tan solo un poco para que quede corregido. En otras ocasiones tal vez necesites regresar al paso 3 y seleccionar una nueva solución.

Al final del paso 3 Richard redactó su plan para la siguiente vez que Louise llegara a casa en un estado de ánimo peligroso. Abajo puedes ver sus notas acerca de cómo transcurrió su plan las primeras veces que lo puso a prueba.

Plan: Cuando Louise llegue a casa quejándose de su jefe, le daré masaje en el cuello y le diré cuánto la queremos los niños y yo. Entonces le sugeriré que tome un baño caliente mientras preparo la cena.

5 de octubre: Llegó a casa en un buen estado de ánimo, entonces le di masaje en el cuello y le dije cosas lindas. Como realmente quería que estuviéramos juntos, le sugerí que preparáramos la cena. Íbamos bien, hasta que los niños se ensartaron en una competencia de alaridos y el buen estado de ánimo de Louise se fue al traste. Terminó borracha y se durmió en el sofá cuando logré que los niños se acostaran.

Revisión del plan: ¡Sigue con el bendito plan la próxima vez y vuelve a probarlo!

11 de octubre: Otro de esos días en el trabajo para ella. Esta vez, después del masaje en el cuello y de las palabras lindas, le ofrecí preparar la cena mientras se bañaba. A Louise le encantó la idea y se fue feliz. Cuando estaba a la mitad de la preparación de la cena, oí que los niños tocaban la puerta del baño: querían saber a qué hora mamá iba a comenzar a trabajar en los disfraces de Halloween. Louise interrumpió su baño y bajó las escaleras ostensiblemente molesta. Se empeñó en que un trago con la cena la ayudaría a tranquilizarse, y de ahí en adelante... la historia de siempre.

Revisión del plan: Haz que los niños no la sulfuren y tranquilízala.

15 de octubre: Vamos de nuevo. En esta ocasión, hice todo lo planeado y logré que los niños se quedaran en la cocina conmigo. Louise se zambulló en la tina y bajó a cenar con una sonrisa en el rostro. En algún momento durante la velada sugirió que tomáramos una copa, pero le dije cuánto disfrutaba que estuviéramos juntos y dejó el asunto. ¡Todo un triunfo!

Paso 5: Evalúa, haz correcciones y prueba otra idea

Este paso en realidad va muy de la mano con el paso 4. Si no solamente pones en práctica tus planes sino también llevas un registro de ellos, tendrás ideas para mejorarlos. Cuando viste las notas de Richard, habrás notado que cada vez que describía cómo transcurrió la noche, también ajustaba su plan para hacerlo más efectivo.

Por favor recuerda siempre que los cambios en los cuales estás trabajando son cambios en la forma en que *viven* tú y tu bebedor. Son, por definición, dinámicos, siempre modificables. Nunca se dará el caso de que te decidas por una forma de reaccionar a una persona o situación sin que tengas que ajustarla. Si cambiamos de un día a otro, con mayor razón de un mes a un año y, con ello, también nuestros planes y maneras de relacionarnos tienen que cambiar. No te desanimes si tus planes no funcionan idealmente la primera, o la quincuagésima vez. Solo lleva el registro y haz las correcciones pertinentes: tarde o temprano funcionarán.

Resumen de acciones

Si antes no ha funcionado, es poco probable que funcione ahora. Si el problema persiste, analízalo desde un nuevo punto de vista.

Recapitulando

- Define el problema.
- Lluvia de ideas de soluciones: mantén a raya a tu editor interno.
- Evalúa tus soluciones y selecciona una para ponerla a prueba.
- Pruébala y lleva el registro de cómo funciona.
- Evalúa, haz correcciones y prueba otra idea.

Kathy y Jim: en el descubrimiento de nuevos caminos

Conforme Kathy hacía cambios graduales en su forma de reaccionar a la manera de beber de Jim, recobró su confianza en el provenir. Él seguía bebiendo más de lo que era bueno para su relación, pero la violencia física no había sobrevenido en meses y el estado de ánimo de Jim, cuando estaba en la casa, había mejorado considerablemente. Todavía quedaba un poco de trabajo por realizar antes de que Kathy admitiera que la situación era definitiva. Particularmente, Kathy en verdad quería que Jim pasara más tiempo con los niños, pero siempre que lo sugería y él consentía en llevarlos al boliche "el siguiente viernes", saboteaba los planes echándose un par de cervezas antes de llegar a casa del trabajo. Entonces Kathy abandonaba la idea de salir porque no quería que bebiera y manejara el coche con los niños.

Kathy resolvió que sus delicadas sugerencias, sus airados regaños y sus tácticos engatusamientos no lograrían que funcionara la treta. Entonces decidió ver el problema desde una nueva perspectiva. Primero trató de poner el dedo en la llaga (esto es, definir el problema con toda claridad). Sabe que Jim ama a sus hijos y desea relacionarse con ellos. Examinando el esquema de salidas padre-hijos frustradas, identificó lo que, pensó, era el verdadero problema: siempre había tratado el tema entre semana, y Jim, al querer estar con los niños, daba su consentimiento, pero planeaba para los viernes, y cuando el día esperado llegaba estaba cansado y un poco irritable tras la jornada, mientras que los niños, por su parte, estaban impacientes y listos para ir al boliche con papá. Esta combinación: un padre cansado e irritable y una casa llena de niños ruidosos y revoltosos no era una fórmula exitosa. Kathy hizo una lista de posibles soluciones, incluida la de ensayar con los niños para que se portaran adecuadamente cuando papá llegara y tenerlos listos para irse en el momento en que él entrara en la casa, de modo que no tuviera tiempo de tomarse una cerveza. La mejor solución, consideró, fue lo que con humor llamó el uno-dos, una secuencia de gancho y golpe directos. De nuevo sugirió que Jim llevara a los niños al boliche, y cuando él estuvo de acuerdo en hacerlo el siguiente viernes, le dijo que pensaba que al final de una semana difícil lo mejor sería dejar a los niños en casa de sus padres y salir los dos solos a cenar (gancho). Así (golpe directo), el sábado en la tarde, luego de que él hubiera dormido y descansado en casa durante un buen rato, ir al boliche sería una salida divertida, no solo para los niños, sino también para Jim. Él aceptó que era una gran idea y se sumó al plan.

Cuando llegó el siguiente viernes, Jim y Kathy disfrutaron su cena juntos; él empezó por pedir una cerveza para la cena, pero se contuvo al ver la cara de desilusión de Kathy. Cada uno disfrutó la salida al boliche del sábado en la tarde, Kathy incluida, quien, como consecuencia, gozó en casa de una dichosa tarde de tranquilidad.

Capítulo 9
La comunicación

Harold y DeeAnne

"Cada vez que tratamos de hablar acerca de algo de más importancia que los resultados del futbol, nos metemos en un conflicto mayor —nos dijo DeeAnne cuando llamó a la clínica—. Parece como si él quisiera hacerme enojar. Incluso cuando le pido amablemente que deje de hacer algo, o haga algo por mí, comienza a gritar y lo utiliza como excusa para servirse otro trago. ¡Sabe cuánto odio que beba tanto!".

En el fondo de cada relación está la comunicación. Si la pareja no puede encontrar una forma de decirse lo que necesitan, quieren y valoran uno del otro, la relación anda por terreno resbaladizo.

Comunicarse

Hablamos un poco acerca del estilo de comunicación en el Capítulo 5, donde dimos ejemplos de cómo convertir tus aseveraciones negativas en positivas. Por ejemplo, en lugar de decir: "Odio cuando bebes", podrías expresar algo más positivo, como: "Me encanta estar contigo cuando estás sobrio".

Ambas frases buscan el mismo resultado (la sobriedad), pero una utiliza palabras de enfrentamiento y la otra, de cariño.

Cuando las relaciones atraviesan tiempos difíciles, ya sea vinculados con el alcohol o no, hay cuatro cambios predecibles en las formas en que las parejas se comunican: dejan de utilizar frases que (1) son *Positivas* (2), comienzan con *Yo* (3), muestran *Entendimiento* y (4) dejan en claro su disposición para *Compartir* la responsabilidad por la situación. En otras palabras, sus esquemas de comunicación ya no son PYEC. Mientras la relación se vuelve más conflictiva, las conversaciones pierden sus componentes positivos y se enfocan casi exclusivamente en los negativos. Los participantes tienden a hacer aseveraciones con "Tú", en lugar de iniciarlas con un "Yo", y no hacen saber a la otra persona que entienden cómo se siente el otro. Finalmente, dejan de compartir la responsabilidad de la vida juntos y se dedican a tratar de atribuirse culpas.

Las frases PYEC tienden a parecer de mayor tacto: el interlocutor no se siente atacado y, por lo tanto, no se ve impelido a contraatacar. No es difícil aprender un estilo de comunicación amable, aunque requiere práctica. Cuando ustedes se han estado atacando el uno al otro durante algún tiempo y tienen un historial de ofensas, cambiar la forma en que se comunican es al principio un poco como nadar a contracorriente; es factible lograrlo, pero tienes que concentrarte en ello. Descubrirás que si haces el esfuerzo de mejorar la forma en que te comunicas, tu bebedor encontrará menos excusas para reaccionar negativamente.

Frases positivas

Como ya hablamos antes acerca de utilizar frases positivas, no lo repetiremos aquí. Sin embargo, es útil revisar los ejemplos de cómo las negativas pueden convertirse en positivas. Tómate el tiempo para leer la siguiente lista y piensa en algunas frases que le hayas dicho recientemente a tu ser querido.

Negativas	Positivas
1. Siempre echas a perder las noches.	1. Disfruto mucho cuando no bebes.
2. No dejas que me concentre cuando reviso los registros de nuestra chequera.	2. Por favor, ayúdame a mantener en orden los registros de la chequera.
3. Tú y tus amigos dejan todo hecho un desastre.	3. Me alegra que a tus amigos les guste venir. ¿Me ayudas a limpiar para que todo se vea bien cuando lleguen?
4. Siempre me avergüenzas.	4. Me haría muy feliz si esta noche solo tomaras refresco.
5. No tendré sexo contigo si estás borracho.	5. Disfruto hacer el amor contigo cuando estás sobrio.
6. No soporto que mientas.	6. Quiero creerte, pero no deja de parecerme rara esa historia.
7. Nunca me escuchas cuando te hablo.	7. Entiendo que te alteren algunas de nuestras discusiones, pero me encantaría que me ayudaras a trabajar en ello.

8. Eres un cabrón, sacaste dinero de mi bolsa sin pedírmelo. ¡Te voy a matar!

8. Me entristece que tengas que quitarme dinero. Al parecer, tendré que guardarlo en un lugar más seguro.

9. No quiero volver a ver que haces a los niños objeto de tu *bullying*. Deja de gritarles.

9. Sé que los niños pueden ser exasperantes, pero por favor ayúdame a darles un buen ejemplo hablando tranquilamente con ellos.

10. No te aguanto, eres un imbécil egoísta. Faltaste a propósito a la fiesta de mis padres.

10. Tal vez no tenías claro que la fiesta del 30 aniversario de mis padres era esta noche. Me hubiera gustado que me acompañaras.

11. ¿Por qué no te pones las pilas para conseguir trabajo? Has estado desempleado durante seis meses. ¿No tienes ningún respeto por ti mismo?

11. Sé que no trabajar es difícil para ti. ¿Hay algo que pueda hacer para ayudarte?

Frases con "Yo"

La forma más rápida de provocar una pelea es hacer que alguien se sienta atacado. Y la manera más fácil de hacerlo es comenzar tu frase con la palabra "tú". La mayoría de la gente, en cuanto escucha esta palabra se prepara para atacar, y por una buena razón. Comenzar la frase con "tú" advierte a quien la escucha que está a punto de ser el centro de atención. Dada la conflictiva naturaleza habitual de tu relación, tu bebedor espera que con este modo de abordar lo que vas a decirle sea un ataque. Así que se prepara para pelear o "pelarse". Es decir, a partir de ahí, están a un paso del pleito.

Cuando hables con tu bebedor acerca de problemas o aspectos sentimentales, haz hincapié en explicarle cómo te sientes o lo que quieres, no lo que hace mal. Los ejemplos líneas abajo lo darán a entender claramente.

Ejemplos de frases con "Yo"

Hirientes	Cariñosas
1. Eres muy desconsiderado por no avisar cuando no vas a venir a cenar.	1. Me duele cuando no avisas que no vendrás a cenar.
2. Eres un peligro en potencia cuando bebes.	2. Me asusta que bebas demasiado.
3. No deberías tomar esta noche.	3. Sería muy feliz si no bebieras esta noche.
4. Eres un sucio.	4. Es importante para mí tener la casa ordenada. Por favor, ¿podrías poner tus cosas en su lugar?

Frases de entendimiento

Hay otra pieza en el rompecabezas de la comunicación que los ayudará a llevarse mejor, independientemente de los problemas de los que hablen. Trata de incluir "frases de entendimiento" en tus discusiones. Esto es, deja que tu ser querido sepa que lo entiendes y te preocupan sus sentimientos. Por ejemplo, supongamos que quieres que tu bebedor salga a buscar trabajo. Puedes usar todas las técnicas que ya hemos expuesto y decir: "Cariño, me preocupa nuestra situación financiera. Sería de mucha ayuda si hoy enviaras algunas solicitudes de empleo". Sería un gran comienzo. Todavía mejor si añadieras una frase de entendimiento para hacerle saber a tu ser querido que te das cuenta de lo difícil que le resulta eso. Por lo tanto, podrías decir: "Cariño, sé que, para como está la situación, es muy frustrante para ti buscar trabajo, pero me preocupa…".

Al mostrar que entiendes cómo se siente, es más fácil para él/ella escucharte sin sentir que debe ponerse a la defensiva.

Compartir la responsabilidad

Hemos pasado mucho tiempo explorando cómo tu comportamiento está íntimamente relacionado con el de tu bebedor, aunque tú no eres la causa del problema. De manera que, asimismo, tienes una fuerte influencia sobre él. Tiene sentido entonces que compartas algo de la responsabilidad de las cosas que salen mal: no en todos los casos, sino solo cuando es conveniente.

Cuando le pides a tu bebedor, junto con el reconocimiento de lo difícil que puede resultarle, que haga un cambio, también hazle saber que te ves a ti mismo como parte de la situación. Ten en mente, no obstante, que no necesitas asumir la responsabilidad de todo lo que sale mal ni de la conducta de tu bebedor, sino tan solo saber que eres parte de cualquier escollo que se presente. Aquí hay ejemplos de cómo podrías hacer esto:

- "Entiendo que te alteres cuando los niños hacen mucho ruido. Tal vez logre que jueguen en su habitación para que te concentres en revisar el aviso de ocasión".

- "Sé que en parte es mi culpa que peleemos tanto. Trataré de ser más comprensivo, y también espero que trates de ponerte en mis zapatos".
- "Sé que a veces reacciono muy duramente cuando bebes, incluso cuando no es el momento. Trabajemos juntos para resolver nuestras diferencias".

Una de las formas más fáciles de demostrar que te ves a ti mismo como parte de la situación, y de distender un conflicto emocional, es decir algo por el estilo de: "¿Puedo ayudar? Te noto muy alterado".

La comunicación PYEC en pleno

Ahora es momento de ver cómo DeeAnne suavizó su forma de acercarse a Harold y de comunicarse con él. Las actividades 17 y 18 te orientan sobre los cambios que hizo. Al tiempo que revisas los ejemplos, piensa en cómo aplicarías el estilo PYEC en tu vida. Luego trabaja en ambas actividades en tu cuaderno.

Actividad 17. Las discusiones previas

Piensa acerca de las tres últimas discusiones que tuviste con tu ser querido que se desencadenaron al tratar de decirle o pedirle algo. Describe cada una tan detalladamente como puedas.

Discusión 1

Harold y yo nos íbamos a encontrar con unos amigos para cenar, y en el camino le pedí: "Por favor no bebas esta noche porque siempre te emborrachas y me avergüenzas". Contestó que no siempre se emborracha y que si me avergüenzo tanto de él, por qué hago que me acompañe. Le grité algo... no puedo recordar qué... y terminamos regresando a casa.

Discusión 2

Era viernes por la noche y regresé tarde del trabajo... una junta duró más de la cuenta. Cuando entré, hacia las 7, Harold estaba echado en el sofá con un cartón de doce cervezas en la hielera sobre el piso y ya había cinco botellas vacías. Yo sabía que había llegado una hora antes que yo, así que se las había bebido muy rápido y probablemente ya no podría ayudarme a preparar la cena ni a salir a surtir la lista del supermercado. Le dije: "Otra vez estás borracho". Me respondió: "Vete a la mierda". No nos hablamos en toda la noche.

Discusión 3

Tras una hermosa tarde juntos en el cine pensé que era un buen momento para reafirmar la sobriedad de Harold. Le dije, pensando que le estaba haciendo un cumplido: "Eres mucho más agradable cuando no estás borracho". Bueno, lo tomó de la peor manera y estalló: "Ahí vas a fastidiarme otra vez, siempre quejándote por la bebida". Reaccioné y le dije que si no bebiera tanto, no tendría de qué quejarme, y a partir de ahí la noche se fue por el caño.

Para la siguiente actividad, elige una de las tres discusiones que describiste en la anterior (la número 17) y elabora una comunicación PYEC.

Actividad 18. Planteamiento PYEC

Selecciona una discusión de la actividad 17 y reescribe tu parte para que sea Positiva; comienza con frases "Yo"; Entiende los desencadenantes de la bebida, así como los

puntos de vista de tu bebedor, y Comparte responsabili-
dades con él/ella.

*La siguiente vez que Harold y yo pasemos una hermosa tarde sin
que él beba, ni siquiera voy a mencionar el alcohol. Una manera
más positiva de hablar sobre la tarde juntos es enfocarme únicamente en el hecho de que está sobrio y no compararlo con las ocasiones en que no lo está. También creo que necesito hacerle saber
lo feliz que me hace estar con él sobrio y que sé que no siempre le
resulta fácil. Por último, debería decirle que me considero parte
de la situación y que comparto la carga con él. Así pues, juntando
todo, le diré algo como: "Cariño, muchas gracias por esta maravillosa tarde. Realmente me encanta estar contigo así [está consciente de que esto significa sobrio, no necesito decirlo] y sé que
no siempre es fácil para ti, así que eso lo hace realmente especial.
¿Qué puedo hacer para que las cosas sean mejores para ti?".*

Al haber planeado detalladamente su comunicación
PYEC, DeeAnne la ensayó mentalmente para asegurarse
de que, llegado el momento, estuviera lista. Ahora haz
lo mismo.

Resumen de acciones

La forma en que le hablas a tu ser querido no solo re-
fleja cómo te sientes acerca de él, sino también marca
la pauta de sus reacciones hacia ti. Practica el estilo de
comunicación PYEC que abordamos en este capítulo. Si
hace falta, prepárate mejor: redacta frases negativas que
le hayas dicho a tu ser querido y prueba reescribién-
dolas de manera PYEC. Entonces asegúrate de utilizar
este estilo para hacerle saber a tu ser querido lo que te

gustaría que hiciera y cómo reaccionarás ante esa conducta. Mientras con mayor claridad y más "pyecmente" comuniques tus peticiones y planes, será más fácil para tu ser querido cooperar.

Recapitulando

- Formula tus comunicaciones en términos Positivos
- Habla en primera persona (Yo).
- Deja en claro que Entiendes la posición de tu ser querido.
- Manifiesta tu buena disposición para Compartir la responsabilidad por la situación sobre la que estás hablando.

Kathy y Jim: en la práctica de un nuevo estilo

Kathy sabía que debía encontrar una manera de decirle a Jim que ya no aceptaría expresiones groseras hacia ella o los niños. El problema era que siempre que había intentado decírselo él había respondido en los mismos términos que ella quería evitar. Esta vez lo planeó de manera diferente: en lugar de esperar a que sucediera y llamarle la atención, se contuvo hasta que se diera una discusión en la cual no hubiera maldiciones. Solo entonces le dijo: "Jim, sé que estás enojado conmigo, y estoy de acuerdo en que necesitamos hablarlo. Pero antes quiero decirte lo bien que me siento cuando discutimos sin ofendernos. Muchas gracias". Esto tomó a

Jim por sorpresa. Casi olvidó por qué estaba enojado y el resto de la discusión perdió mucho de su aspereza, mientras él y Kathy hablaban tranquilamente acerca del tema que los ocupaba.

Capítulo 10
Comportamientos básicos

Ladonna y Keith

Ladonna percibió cómo en el último año había empeorado la manera de beber de Keith. Aunque continuaba defendiéndolo ante la actitud exagerada de sus padres, en privado le había implorado que dejara de beber, le había rogado que cortara con el hábito, e incluso últimamente a diario habían llegado a discutir a gritos. Aunque sabía que estaba en lo correcto y el comportamiento de él era erróneo, también se daba cuenta de que insistir no mejoraría la situación. Ambos necesitaban cambiar, y ella, por ser la parte sobria de la relación, estaba decidida a ser la primera.

Este capítulo será tu "caja de herramientas". Hasta este momento te hemos mostrado cómo identificar los comportamientos que debes cambiar y cómo aproximarte al cambio. Aquí es donde juntaremos todas las piezas para que este ocurra. Reconocerás algunas de las estrategias de los ejemplos previos. Otras serán cosas que ya conoces y practicas. Si gran parte de este material te es familiar, qué mejor: te va ser más sencillo utilizarlo, pero si las ideas son novedosas para ti, no te preocupes, las aprenderás.

Recompensas, castigos y la absoluta displicencia

Los psicólogos y muchas abuelas sabias entienden que las claves para el cambio de conducta se encuentran en los premios, los castigos y la absoluta displicencia. Los psicólogos llaman a los premios *refuerzos*, todo el mundo llama *castigos* a los castigos y la absoluta displicencia simplemente significa mostrar indiferencia ante las conductas no deseadas. (Los psicólogos la llaman extinción).[5]

El viejo refrán "Se consigue más con miel que con hiel" sintetiza la esencia de lo que provocan las recompensas. Si quieres que alguien haga algo, dale un estímulo para que logres que lo lleve a cabo y, además, que el otro se sienta bien. Conforme más y mejor recompenses por un comportamiento adecuado, la respuesta será la repetición de ese comportamiento.

Por ejemplo, considera al pequeño Sammy: su madre está a punto de reventar tratando de que mantenga su habitación en orden. Después de meses de criticarlo constantemente por el creciente cerro de basura en el piso de su recámara, mami decide que es tiempo de negociar. Le dice a Sammy que por cada día que coloque su ropa sucia en el cesto, tienda su cama y ponga sus juguetes en su lugar, le dará equis cantidad de dinero y al final de la semana lo llevará a la juguetería para que gaste lo ganado. Como Sammy es un niño que adora los juguetes, le parece una magnífica idea y se convierte en el Maestro Limpio.

[5] Nota del traductor: "Proceso activo durante el cual va disminuyendo gradualmente la probabilidad de que se produzca una respuesta condicionada" (*Diccionario de términos psicológicos fundamentales*, Barcelona, Paidós, 1977).

La madre utiliza el premio para lograr que el hijo cambie su hábito y modo de hacer las cosas. A ella se le puede llamar *sobornadora*, pero en realidad lo recompensa. Los niños tienen la natural necesidad de jugar y los juguetes la satisfacen. De esta manera, con los premios resuelve su gusto por los juguetes y modifica su conducta. Quedan claras las ventajas de utilizar la recompensa en situaciones como esta: la madre deja de criticar constantemente al niño y su relación mejora; él modifica su hábito, asea su habitación y ella queda satisfecha por haber vuelto a ver el piso de la recámara de Sammy.

Hay que hacer notar una o dos cosas respecto de la recompensa que la madre eligió para Sammy. Escogió algo que es valioso para el niño, no algo que ella valora. La recompensa se valora únicamente si su destinatario la desea. Si la madre hubiera escogido una verdura, incluso la favorita de Sammy, si el niño no la deseara no funcionaría como premio.

Puedes aplicar el principio de la recompensa a tu bebedor, haciendo que lo que tú deseas le sea placentero. Aunque difícilmente podrías llegar a hacer cambiar a tu bebedor a base de gritos, ¿qué sería más agradable: vociferar o hacer que el cambio lo haga sentirse bien? Después de todo, tu meta final es que tu bebedor cambie su hábito y ambos puedan disfrutar de una relación armónica y feliz.

Cuanto más refuerce la recompensa la conducta correcta, tu ser querido la repetirá. El alcohol trabaja como recompensa. Las personas que beben así lo utilizan: piensan que con embriagarse pueden olvidar sus problemas, ponerse románticos, sentirse menos ansiosos, menos deprimidos y, en efecto, el alcohol puede hacerte sentir mejor. Desafortunadamente, solo esconde los problemas de momento y crea más conflictos después. Sin embargo, la expectativa de la gratificación inmediata impide pensar en las consecuencias a largo plazo, por lo que el bebedor pagará el pato más adelante. Por eso hay que considerar cuán contundente puede ser la recompensa.

Un buen ejemplo del uso de recompensas fue la manera en que Kathy (al final del Capítulo 2) logró que Jim volviera directo a casa del trabajo. En lugar de hacer caras por lo desagradable que es cuando se detiene a beber con Charles, le ofrece una recompensa si regresa derechito a casa: preparará su comida predilecta, tendrá una esposa sonriente y la compañía de buenos amigos.

No hay límite a la variedad de palabras, artículos y situaciones que pueden ser recompensas. Cualquier cosa que haga que alguien se sienta bien o feliz es una recompensa. Esto incluye desde una sonrisa hasta una comida; desde sexo hasta regalos o actividades placenteras. Si a tu bebedor le gusta, es recompensa. Y ten en mente que beber también es una recompensa. La suma de *tus* recompensas debe ser mayor que las que ofrece el alcohol.

Recompensar a las personas que amas es sencillo. La parte peliaguda es que estés seguro de saber qué es lo que tu ser querido considera un premio. Esto es particularmente difícil si el alcohol lo ha cambiado y los viejos placeres han perdido su atractivo. Haz una lista de las recompensas que según tú le gustarán a tu bebedor; si encuentras cosas o actividades que para tu ser amado resulten más atractivas que beber, mucho mejor. Asegúrate de que por lo menos llamen su atención.

En el ejemplo a continuación verás que Ladonna sabiamente incluye en su lista sus sonrisas, abrazos, besos y bellas palabras. Después de todas las peleas y discusiones que había tenido con Keith, es inteligente de su parte mostrarle el lado amable del cual él se enamoró y regresar a Keith a la relación placentera. ¡Hizo muy bien! Después de leer la lista de Ladonna, redacta en tu cuaderno tu propia lista.

Actividad 19. Modificación del comportamiento por recompensas

Anota en una lista, por un lado, los comportamientos que deseas que tu ser amado tenga con mayor frecuencia, y en otro las recompensas pertinentes para cada uno. Es buena idea tener más de una opción de premio por si la situación dificulta la idea original. También se vale que vuelvas a utilizar ideas.

Comportamiento	Recompensa
No beber. Mantenerse sobrio.	• Le digo a Keith cuánto disfruto su compañía cuando está sobrio. Me acurruco con él en el sofá.
	• Le hago saber cuánto lo amo y le ofrezco cocinar su cena predilecta.
	• Me pongo la lencería que más le atrae y lo invito a un inesperado viaje a la alcoba.

| Quedarse en casa en lugar de salir a beber al bar después de cenar. | • Pongo la música preferida de Keith y le digo cuánto me gusta pasar la velada con él. Quizá llegue a pedirle que bailemos en la sala como cuando éramos novios.
• Ofrezco darle un masaje en la espalda.
• Lo sorprendo con un enorme tazón de palomitas y una película de acción, lo cual era una de sus más preciadas actividades de antaño, cuando éramos más jóvenes. |

Castigos

Cualquier persona sabe cómo castigar; si alguien dice o hace algo que te molesta, tú dirás o harás algo que la haga sentir mal. Cuando tu ser amado llega a casa más elevado que un papalote, tú llorarás, gritarás o arrojarás algo, haciendo una pataleta. Eso es castigo, ¿verdad?

Si tu relación se ha deteriorado al grado de que toda la interacción es negativa, puede ser que tu bebedor perciba todos los gritos y sombrerazos como recompensas. Claro que esto no es exactamente igual que cuando haces algo amoroso y él en realidad lo disfruta. Sin embargo, el enojo resulta mejor atención que la no atención.

Así, cuando empiezas a poner tu cara, tu bebedor se siente conectado contigo; aunque esta conexión resulte sórdida, es mejor que nada. Más aún, si la interacción alcanza altos niveles emocionales, tu bebedor, al igual que tú, puede experimentar una descarga de adrenalina que resulte gratificante. Las consecuencias de un pleito pueden derivar, asimismo, en una reconciliación y convertirse en un corto periodo de luna de miel, donde cada uno trata de ser sumamente agradable con el otro y así la pelea se torna en refuerzo. El mensaje es que debes ser muy cauteloso; si planeas usar el castigo como ayuda para que tu bebedor cambie, ¡cuidado! A menudo puede salirte el tiro por la culata, aparte de que los castigos no son ni remotamente tan impactantes como para detonar cambios permanentes como lo son los premios.

En la mayoría de las situaciones se pueden obtener iguales o mejores resultados utilizando las recompensas o la absoluta displicencia (que desarrollaremos más adelante). El castigo debería ser siempre tu última opción. Si gritar o patalear no te ha dado resultado en el pasado, las posibilidades de que ocurra ahora son raquíticas. Más efectivo será algo que llamamos *reafirmación positiva*. Por ejemplo, tu amado llega a casa ebrio a las 2 de la madrugada y quiere tener sexo contigo. En vez de ceder tan solo para que se calle o iniciar una discusión y llamarlo cerdo borracho, intenta esto: dile que disfrutas hacer el amor con él, pero cuando está sobrio y atento a tus necesidades; que con gusto lo harás cuando cumpla esas condiciones. De esta forma truecas un castigo potencial (rechazo) por una promesa de recompensa para cuando tu ser amado se comporte apropiadamente.

El único tipo de castigo recomendable al rediseñar los mapas de tu bebedor es que retires las recompensas. Esto significa que en vez de introducir algo nuevo y desagradable en la situación retires algo positivo. Kathy hizo esto cuando le prometió a Jim una cena y velada placentera si volvía a casa a las 5:30. Cuando él falló ella simplemente le dejó una cena fría y lo privó de su compañía. Recibió un castigo pero sin escenitas, con lo que se evitó el riesgo potencial de una discusión.

Tenemos una advertencia respecto del uso del castigo. Está alerta sobre las señales de peligro físico que emita tu bebedor. Tú sabes cuánto lo puedes presionar, así que hazle caso a tu intuición. En nada beneficia que castigues a tu bebedor al grado de que la violencia haga erupción, azote puertas y salga de la casa encolerizado. Sabemos qué tentador es castigar a alguien, sobre todo después de que te ha lastimado, pero prevé que el castigo no se te revierta. Mantén siempre en mente tu objetivo final, pregúntate si la estrategia elegida te conduce hacia tu meta o solo te da la satisfacción momentánea de la revancha. Si es esto último, no funciona.

La absoluta displicencia

En lugar de castigar a tu ser amado cuando hace algo inapropiado, es más seguro actuar con absoluta displicencia. Es similar a retirar la promesa de recompensa que explicamos en la sección previa.

Cuando tu ser amado se comporta mal, hazle saber que no estás de acuerdo y retírate; si están acompañados por otras personas, sugiéreles que se vayan a otro lugar, o bien simplemente ignora a tu bebedor. Por ningún motivo permitas que te arrastre a su juego, que al final podría tornarse en una situación compensatoria y te apartaría, en vez de acercarte, de tus objetivos.

Por ejemplo, los dos se acurrucan en el sofá a ver videos con el acuerdo previo de que beberían chocolate caliente esa noche, y a media película tu ser amado saca una cerveza del refri. "Cariño, recuerda que acordamos no beber esta noche, para disfrutarnos los dos", le dices. "Lo sé —responde—, pero una cervecita me caería muy bien en este momento". "Por favor no", le dices. "No seas pesada", es su respuesta. En este punto puedes trabarte en una discusión con alta probabilidad de que se torne desagradable, no sin mencionar que aún existe la posibilidad de pasar la velada juntos. O puedes decir: "Me duele que prefieras beber cerveza en lugar de seguir viendo la película conmigo, así que me voy". Así, sin escándalos ni aspavientos, tomas tu abrigo y te vas a visitar a un amigo o familiar, o simplemente sales de la habitación. Se queda helado y descongelándose solo: le has mostrado en qué consiste la absoluta displicencia. Ese es el gran mensaje.

Una última consideración

Antes de terminar la reflexión sobre las recompensas, los castigos y la absoluta displicencia, debemos añadir unas palabras sobre el mundo de verdad. Aunque nuestros ejemplos reflejan la vida real, los hemos simplificado para tornarlos en anécdotas didácticas. Tus experiencias con estas estrategias en ocasiones serán tan o más suaves que las que describimos, y en otras no. Imaginar las nuevas formas de relación es complicado, y una vez que las apliques pueden tardar un tiempo en funcionar. Algunos planes se revertirán y te preguntarás si este método vale el esfuerzo. Solo podemos decirte lo que nos ha enseñado la experiencia.

Si llevas años tratando de tener una vida con tu bebedor, a las claras valoras tu relación. Eso significa que el esfuerzo, en efecto, vale la pena. Muy pocos de nuestros clientes han entrado en el programa y han experimentado cambios positivos sin haberse esforzado. Sin embargo, a la mayoría le han ocurrido buenos cambios. Algunas veces toma meses de trabajo, pero la mayoría de quienes utilizan esta aproximación eventualmente mejoran su calidad de vida y muchos logran conducir a sus bebedores a buscar tratamiento. Solo se requiere que la mantengas el tiempo suficiente como para que el bebedor procese el trabajo y continúe en él. Mapea y lleva un registro de tus estrategias, reevalúalas y revísalas. Luego, vuelve a tratar. ¡Puedes lograr que suceda!

Reuniéndolo todo

Has aprendido sobre las recompensas, los castigos y la absoluta displicencia, a resolver y mapear problemas, a fijar tus metas y comunicarte PYECmente. ¿Ahora, cómo reúnes cada una de estas piezas? En realidad, es más sencillo de lo que puedas pensar. Para empezar, revisa los mapas de bebida de la conducta habitual de tu bebedor que hiciste (Capítulo 2), y las conclusiones a las que llegaste. Después, responde lo siguiente y examina tus respuestas:

1. ¿Hay algo que estás haciendo y piensas que puede desmotivar a tu bebedor, pero no lo hace, o de hecho lo recompensa?
2. ¿Existe una respuesta típica tuya que recompense lo que no quieres premiar? Si es así, ¿cómo puedes enmendar tu comportamiento para usar la absoluta displicencia o, si es apropiado y seguro, el castigo?
3. ¿Estás castigando cuando deberías o podrías utilizar la absoluta displicencia o la recompensa? Trabaja para cambiar la situación por una donde te enfoques de manera positiva y tiendas a la recompensa en vez de tener un enfoque negativo.
4. Después de revisar las cosas, ¿inicias una discusión o le respondes a tu bebedor con expresiones positivas, utilizando frases "Yo", que muestran que entiendes lo difícil que son los cambios para él y que compartes la responsabilidad de la situación?

Conforme respondas cada pregunta, busca las maneras de mejorar tus planes usando las técnicas que has aprendido. Una vez que tengas los planes que te satisfagan, practícalos. Idealmente, encontrarás a alguien que te ayude a representar las situaciones descritas en los mapas de bebida. Si no tienes a nadie que interprete los papeles, simplemente ensáyalos en tu mente. Te sorprenderá el efecto que tienen estos ejercicios mentales en la vida real.

Ahora que estás preparado para iniciar los grandes cambios que aplicarás en la interacción con tu bebedor, es importante que se lo hagas saber. No, no tienes que decirle que iniciaste un programa para que renuncie a la bebida. Lo que necesitas decirle es que has estado pensando cuánto lo quieres y cuánto deseas que mejore su relación de pareja. Asegúrate de tener una conversación positiva que genere un mensaje amoroso, enfocado en cómo te sientes, y muéstrale claramente que entiendes lo que implica, las dificultades y la responsabilidad compartida. A continuación, unos ejemplos:

- "Te amo tanto *(reafirmación 'Yo' con tus sentimientos)* que me asusta cuando te veo bebiendo. Sé que es muy duro que abandones el hábito *(entendimiento)*, así que dejaré de criticarte constantemente al respecto, pero tampoco soporto cargar con ello más. Quiero que las cosas mejoren, así que ya no seguiré siendo parte de tu vida de bebedor *(compartiendo responsabilidad)*. A partir de ahora, cuando bebas me iré de la casa hasta que vuelvas a estar sobrio".

- "Me importas y sé cuánta presión y estrés tienes *(entendimiento/reafirmación positiva)* pero no puedo manejar la situación *(reafirmación 'Yo')*. Necesito hacer unos cambios en mi vida *(reafirmación 'Yo')*. No puedo seguir de esta manera *(compartiendo responsabilidad)*. ¿Deseas ayudarme? *(compartiendo responsabilidad)*".

- "Las peleas por tu forma de beber ya han afectado suficientemente a nuestra familia *(compartiendo responsabilidad)*. Sé que esto te molesta tanto como a mí *(entendimiento)*, y haré todo lo necesario para ayudarnos *(reafirmación 'Yo'/compartiendo responsabilidad)*. Te amo y quiero que juntos hagamos un plan para tener una vida más feliz *(positivo/compartiendo responsabilidad)"*.

- "Las deudas que se han ido acumulando me preocupan *(reafirmación 'Yo')*. ¿Qué podemos hacer *(compartiendo responsabilidad)*? Te amo y temo por nuestro futuro *(reafirmación 'Yo')"*.

¡IMPORTANTE! Si tu bebedor responde positivamente a uno de estos nuevos comunicados reconociendo el problema y manifestando la necesidad de un cambio, este podría ser un buen momento para que visiten juntos a un especialista. Hablaremos más sobre cómo plantear la idea de aproximarse a un especialista en el próximo capítulo, pero, por ahora, ten en mente que cualquier muestra de culpa o remordimiento de su parte es una excelente oportunidad para abordar el tema. Si lo haces y él reacciona negativamente, déjalo por ahora. Habrá otras oportunidades, e intentos más exitosos.

Pruébalo, ¡te gustará!

Cuando todo está dicho, cuando todo está hecho, estás planteando, tanto para ti como para tu bebedor, modificar la manera de vivir juntos incorporando día a día pequeños cambios a su relación. Puede ser aterrador, particularmente para el dependiente del alcohol que enfrenta el futuro sin su muleta emocional. Más que tratar de convencer a alguien de que los cambios son "para siempre", demanda cambios pequeños y firmes. Pídele a tu bebedor que considere no beber durante la próxima visita de tus padres o que se comprometa a cenar a tiempo solo el lunes por la noche. Hazlo pequeño, hazlo manejable. Así será más fácil obtener un compromiso, y las probabilidades de que sea cumplido serán mayores. Tu tarea será asegurar que el que cumpla la promesa sea igual o más satisfactorio que beber.

Hay mil y un áreas en las cuales puedes usar la estrategia de "¡pruébalo, te gustará!". Cada vez que le solicites un cambio a tu bebedor piensa en cómo harás que ese cambio sea como el paso de un bebé: que él pueda realizarlo fácilmente y tú puedas premiarlo. A continuación encontrarás ejemplos de cómo nuestros clientes han usado de manera exitosa esta estrategia durante años.

- En vez de tratar de que alguien se comprometa a ayudar a mantener toda la casa impecable, enfócate en un comportamiento a la vez: "Querido, sé que te molesta cuando dejo mi maquillaje en el lavabo del baño, así que lo recogeré a cambio de que tú extiendas las toallas mojadas, en vez de dejarlas tiradas en el piso". Cuando logres el cambio, propón otro reto, como levantar los platos de la cena, y así consecutivamente.

- Cambiar la forma en que un padre se acerca a un niño para lograr un cambio no es más sencillo que cambiar la manera en que tú y tu bebedor se relacionan entre sí. Si quieres mejorar la conducta de tu bebedor hacia tus hijos, evita pedirle que sea "más amable" o "más comprensivo". Esos son grandes cambios totales, difíciles de definir. En lugar de eso, pídele un pequeño cambio de

conducta. Por ejemplo, puedes decir: "Me molesta muchísimo cuando le gritas a Billy sobre su recámara. Si tratas de hablar con él calmadamente
sobre el desorden, le ayudaré a que la mantenga
limpia".

- La mayoría de las parejas discuten por dinero más
que por cualquier otra cosa. Este puede ser un problema especialmente difícil de tratar si uno de los
miembros tiene un problema de bebida y además
está desempleado o gasta su sueldo en forma ina-
decuada. Una vez más, es más fácil pedirle un pequeño cambio en su conducta que modificar por
completo su proceder. Un buen primer paso debe
sonar así: "Entiendo que estás bajo gran presión y
no quiero sumarle a ello, pero me preocupa que no
podamos pagar las cuentas.¿Crees que podamos
hacer un plan respecto del presupuesto del hogar
y así tener lo suficiente para los gastos de la casa?".

- "No vuelvas a dirigirme la palabra", según nuestra
experiencia, nunca ha redundado en un incremen-
to de la comunicación. Si deseas abrir las líneas de
comunicación pide un pequeño cambio, como:
"Últimamente no hemos estado en la misma frecuencia; quiero pasar un tiempecito contigo hablando de nuestra relación. ¿Podríamos pasar mañana 30 minutos conversando sobre ello?". Para
esto no es necesario reclamar obligaciones que
duren un mes, vaya, ni siquiera es necesario pedir que sean 30 minutos:10 serán suficientes. Pide
la cantidad de tiempo y los días que creas que a
tu bebedor le serán más manejables. Sin importar
cómo resulte la conversación, recompensa que tu

amado haya tenido la disposición de hacer esto por ti. Un beso, un abrazo o simplemente un "gracias" de corazón lo abrirá a futuras comunicaciones.

- El sexo y las muestras de cariño son los primeros en afectarse con los problemas de la bebida. Si tu bebedor se ha estado lamentando por tu falta de buena disposición y tú no tienes ningún interés en besar una botella, haz que entre en la cama tan sobrio como deseas. Por ejemplo: "Si regresas a casa directo del trabajo, le pediré a mi madre que cuide a los niños y usaré el *negligé* nuevo que tanto te gusta; una cosa lleva a la otra… ¿Qué dices?".

Nota cómo en todos los ejemplos la persona que propone utiliza el patrón PYEC. Las comunicaciones son positivas y claramente comparten la responsabilidad para cada situación. Cuando es relevante, muestran entendimiento y emplean frases "Yo". También es importante estar consciente de que cada una de las personas que habla primero se aseguró de que los premios ofrecidos fueran atractivos para sus bebedores. Recuerda al pequeño Sammy: no hubiera limpiado su habitación por la promesa de una berenjena, aunque sea la comida favorita… de mamá.

Date seguimiento

Cuando los clientes trabajan con nosotros en la clínica se dan el lujo de venir a nuestras oficinas con regularidad y revisar sus avances: qué intentaron, qué estuvo bien, qué mal, cómo pueden mejorar. Desafortunadamente no podemos ofrecerte el privilegio de una reunión contigo en privado y orientarte durante este proceso. Sin embargo, sí podemos ofrecerte una buena alternativa: mantén por escrito el registro de tus planes o estrategias, cuándo y cómo los utilizas, qué sucede y cómo los corriges. En otras palabras, date seguimiento como lo haríamos si visitaras cotidianamente nuestras oficinas y viéramos tus progresos.

Como estás tan íntimamente involucrado en todo lo que ocurre, será muy difícil para ti analizarlo con objetividad con solo revisarlo mentalmente. Escribirlo en un papel es la mejor forma de ayudarte a tomar distancia para obtener una imagen clara de cómo tu conducta afecta a tu bebedor. Mantén un registro de todo lo que pasa. Encontrarás que conforme avanza el tiempo te resultará más sencillo recordar escribir lo sucedido, hasta el punto de que disfrutarás revisar tus anotaciones. Después de todo, son mapas que te guiarán a un futuro feliz.

También es una buena idea que periódicamente repitas las actividades del Capítulo 2 relativas a establecer una norma de tu bebedor. Hacerlo te dará un criterio con el cual medir los cambios en ti y en él. Hay muchas posibilidades de que sean satisfactorios, pero, en caso contrario el Capítulo 12 habla de las opciones a seguir que mejorarán tu vida aunque tu bebedor no cambie.

Resumen de acciones

Ahora tienes herramientas adicionales que te ayudarán a hacer cambios impactantes y satisfactorios en tu vida.

Para cada secuencia de bebida que mapees, planea tus estrategias para cambiar el curso de los acontecimientos. Haz de las recompensas tu herramienta de mayor uso y busca las oportunidades para premiar a tu bebedor por conductas positivas. También recuerda que los comportamientos positivos pueden ser simplemente la ausencia de comportamientos negativos. *Cada situación en que tu ser amado se mantenga sobrio representa una razón para recompensarlo.* Echa mano de tus sonrisas, tus palabras y tus acciones para lograr que la sobriedad le sea más atractiva que la embriaguez.

Recapitulando

- Las recompensas deben ser tentadoras en función del objetivo.
- El castigo no es, por mucho, tan efectivo como la recompensa para lograr cambios duraderos.
- La absoluta displicencia (extinción) es un provechoso complemento de la recompensa.
- Utiliza todas las herramientas que has descubierto para que a tu ser querido le resulte igual o más atractivo no beber que la embriaguez.

Kathy y Jim: haciendo cambios

Kathy finalmente empezó a sentir que estaba a cargo de su vida después de "mapear" tres de las secuencias de embriaguez de Jim más comunes, desde los desencadenantes hasta las consecuencias, y planeó exactamente cómo manejaría cada una de ellas. Por mucho que la tentara hacer que Jim viera lo cretino que es cuando bebe, Kathy se obligó a enfocarse en las cosas que ella quiere que él haga y no en las que no desea, y encontró la forma positiva de explicárselas.

Kathy y Jim con frecuencia discuten sobre la forma de criar a uno de sus hijos, Ted. Jim sentía que ella era demasiado blanda, y a ambos les gritaba constantemente por la conducta del hijo. Ella sentía que ante sus hijos, con todo el estrés que padecían por el alcoholismo del padre, debía reducir la presión respecto de algunos temas, como el de mantener aseadas sus habitaciones o el uso prolongado del teléfono.

Ted es un niño de 11 años que por lo general desobedece las órdenes de Jim con el fin de llamar su atención. Kathy se da cuenta de que si Jim le diera tan solo un poco más de afecto, su comportamiento mejoraría. No obstante todos los sermones y discusiones, Jim no perdía ocasión para reprender a Ted cada vez que se pasaba —aunque fuera ligeramente— de la raya. De hecho, Kathy había mapeado una secuencia típica: apenas entra Jim por la puerta, Ted corre a contarle algún suceso del día. Invariablemente Jim le grita que le permita quitarse el abrigo y servirse un trago. Ted se deprime y se pone a llorar en un rincón. Sin embargo, no desperdicia la oportunidad de pegarle a algo (esta vez a su hermanita), dejar los juguetes o los trabajos de la escuela desperdigados sobre la mesa de la cocina. La reacción de Jim no se hace esperar y le grita al niño: "¿Qué demonios te pasa?". Ted sale corriendo, se encierra en su cuarto con un azotón de puerta. Jim va detrás de él y le grita que no puede abandonar su habitación hasta que él se lo permita. Cualquier esperanza de pasar juntos una agradable velada se esfuma por completo.

Una vez que Kathy vio claramente el patrón de comportamiento en la relación padre-hijo, planeó mejores formas de concluir la rutina en las noches. En primer lugar, conminó a Ted a que esperara a que su padre se instalara en el sofá sin zapatos para contarle sus aventuras en la escuela. Luego se enfocó en inyectar un poco de actitud positiva entre ellos. En lugar de tratar de convencer a Jim de que fuera más positivo en su relación con Ted si quiere que el comportamiento del hijo mejore, apeló a su sentido de paternidad (y a su ego) imprimiendo un sesgo positivo a la situación. Le dijo a Jim desde la mañana: "Sé lo mucho que significa Ted para ti y que disfrutas pasar tu tiempo en él. Ted está esperándote siempre. ¿Por qué no vienes directo a casa esta noche y se van a cenar ambos a la pizzería? Pueden ir a los videojuegos y así se alejarán un poco del caos casero; yo me quedaré con los chiquitos, y tú y Ted se la pasarán bien un rato".

La respuesta de Jim a la sugerencia de Kathy para divertirse con su hijo la sorprendió. Ella esperaba un rechazo: porque estaba cansado después del trabajo, porque necesitaba detenerse en la cantina a discutir algo con los compañeros, porque sabía que Ted se portaría mal en el restaurante o porque… cualquier otro tipo de excusa que ha usado antes para evitar pasar un tiempo a solas con los hijos. Esta vez, sin embargo, dijo que sí. Por mera costumbre, Kathy por poco se lanza a discutir con él sobre la responsabilidad de compartir. Pero no lo hizo. En lugar de eso, lo abrazó y le dijo que Ted estaría encantado. Ella le telefoneó unos 20 minutos antes de que dejara el trabajo para recordarle el plan y contarle que Ted estaba a punto de terminar su tarea y había limpiado su cuarto. Jim sonrió y le dijo que saldría directo a casa, y así lo hizo.

Capítulo II
El tratamiento

Linda y Ron

Linda estaba preocupada por Ron, su hermano gemelo, desde que estaban en el segundo año de preparatoria. Ahora que compartían un departamento en la universidad, sentía pánico al verlo irse de fiesta toda la noche, dormir durante sus clases en la mañana y, en general, dejar que su vida se fuera por el caño. Siempre que trataba de hablar con él acerca de eso él le recordaba con firmeza que era su hermana, no su madre. Inevitablemente, cada vez que le sugería que hablara con alguno de los psicólogos del *campus*, él explotaba y salía violentamente del departamento. Al cambiar la manera de hablarle y aprender a dejar de ser la habilitadora de su bebida, pudo reducir sus peleas y restablecer cierta armonía en su relación. Sin embargo, seguía convencida de que la manera de beber de Ron no era solo "chacota estudiantil", como él decía, y de que requería ayuda profesional.

En muchos sentidos, llevar a tu bebedor a tratamiento es tanto el punto cumbre como el más bajo de esta travesía. Cumbre, porque, para muchos bebedores el tratamiento es la única forma en que pueden aprender a vivir sin el alcohol de manera exitosa; el más bajo, porque, como sabes, el cambio es difícil y tu ser querido va a pasar apuros durante el tratamiento. Como las batallas de tu bebedor se convierten en tus batallas, tu esfuerzo, como de costumbre, sigue siendo crucial en el asunto.

Llevar a tu bebedor a tratamiento requiere el mismo cuidado en los detalles y la planeación que has puesto hasta ahora. La mayoría de las personas que abusan del alcohol, en el mejor de los casos se muestran ambivalentes respecto de entrar en tratamiento. Aunque se dan cuenta de cuánto dolor y sufrimiento ocasiona que beban, la idea de dejar el hábito es aterradora. Necesitarás estar consciente de estos temores mientras sigues adelante.

Las razones para beber

Hay tanto costos como beneficios para tu bebedor si continúa con la bebida. Los costos son claros y puedes hacer una lista de ellos mejor que nosotros. Sin embargo, los beneficios pueden ser menos obvios, aunque igual de importantes. Cada individuo tiene una experiencia única con el alcohol, pero es útil revisar algunas de las razones más comunes que los bebedores tienen para no dejarlo. Algunas, todas o ninguna pueden corresponder con las de tu bebedor. Una tarea importante para ti es entender qué beneficios obtiene tu bebedor. Si es posible, habla con él acerca de esto. De lo contrario, aprovecha el conocimiento profundo que tienes, tu capacidad de observación y tus aptitudes con el pensamiento crítico. La actividad 20 te ayudará en esto. Lee cómo Linda realizó la actividad para la bebida de Ron y luego usa tu cuaderno para llevar a cabo tu propia actividad.

Actividad 20. ¿Por qué beber?

La siguiente lista ayudará a que le des rienda suelta a tu creatividad introspectiva. Marca cada una de las razones para beber que según tú son aplicables a tu bebedor. Agrega otras a la lista mientras reflexionas en la conducta de tu bebedor o hablas con él o ella acerca de eso. Después de revisar tu lista, redacta un resumen.

__X__	El alcohol sabe bien.
__X__	El alcohol lo/la hace sentirse bien.
_____	Emborracharse le permite evitar sentimientos desagradables.
_____	Emborracharse le permite evitar situaciones desagradables.
__X__	Beber le da confianza en circunstancias sociales.
_____	Beber le da confianza en situaciones sentimentales.
_____	Beber alivia el estrés.
__X__	Beber es una diversión que comparte con los amigos o la familia.
_____	Beber es su único pasatiempo.
_____	Beber es un buen pretexto para no estar en condiciones de trabajar.
_____	Beber es la forma más fácil de escapar del dolor o el aburrimiento.
_____	Beber apacigua los resentimientos.
_____	¿Otros?

Cuando no bebe, Ron es básicamente un tipo tímido. Así pues, además de que le gusta el sabor del alcohol, disfruta del "valor" que la botella le da socialmente. Todo esto hizo que fuera realmente fácil para él adquirir el hábito de la bebida. Entonces, creo que también tiene una adicción física al alcohol, así que hay alicientes tanto físicos como emocionales que lo mantienen bebiendo.

Recuerda: si le pides a tu ser querido que deje de beber debes estar listo para ayudarlo a descubrir algo igualmente gratificante con qué reemplazarlo.

En el Capítulo 2 hiciste una estimación de cuánto tiempo pasa tu ser querido bebiendo y en actividades relacionadas con el alcohol. Si las deja, necesitará emplear su tiempo en otras más saludables. Debes estar preparado para ofrecerle otras actividades igualmente satisfactorias entre las cuales pueda escoger. Por ejemplo, si cada día pasa una o dos horas socializando con los amigos en el bar, tu bebedor necesitará otra actividad social, que no implique alcohol, para llenar ese tiempo. Lo mismo sucede con los fines de semana y las veladas. Cualquier vacío no hará otra cosa que clamar por ser llenado, y si dejas a tu bebedor a su suerte, lo llenará con la vieja y muy conocida costumbre de beber. Tu trabajo, a estas alturas del partido, es darle a tu ser querido tantas razones atractivas para no beber como las que puede encontrar para beber.

Prepárate para la sobriedad de tu ser querido y ayúdalo en el camino elaborando una lista de actividades gratificantes sin alcohol que pueda disfrutar en lugar de beber. Asegúrate de que las que escojas sean llamativas para tu ser querido y no solo para ti. Aunque no le veas el atractivo al alcohol, recuerda que satisface muchas necesidades de tu bebedor. Haz tus planes de acuerdo con ello. De hecho, consulta a un experto. Habla con tu ser querido sobre el tema. Utiliza tu estilo de comunicación PYEC para preguntar qué pueden hacer juntos lo suficientemente placentero como para privarse del licor durante ese periodo. La actividad 21 te ayudará a elaborar la lista. Revisa la que hizo Linda a continuación y después redacta tu propia lista en tu cuaderno.

Actividad 21. Actividades por las que vale la pena permanecer sobrio

- *Correr temprano en la mañana (a Ron le encantaban las carreras en la preparatoria).*
- *Tener conmigo una conversación íntima durante toda la noche (solíamos hacer eso regularmente antes de que yo me enojara tanto por la bebida).*
- *Patinar por el parque cuando el gentío se dispersa en las tardes.*
- *Atiborrarse de palomitas viendo una película extranjera en el cine del barrio.*

Las actividades sin alcohol que preparas para la sobriedad de tu ser querido también representan fuertes incentivos hacia la sobriedad. Mientras trabajas en los mapas de la bebida y haces planes para alentar la sobriedad, utiliza estas actividades como incentivos y recompensas. No necesitas esperar a que tu ser querido esté en tratamiento para comenzar a disfrutar juntos estas actividades sin alcohol. Ofrécele el placer de tu compañía a cambio de la sobriedad durante todo el tiempo y lo más seguido que tu ser querido pueda permanecer sobrio. Con las suficientes interacciones positivas, lo que sigue serán periodos de sobriedad más duraderos, y al final, el tratamiento.

Selección del tratamiento

Como mínimo, haz lo siguiente: ten preparado el tratamiento para que tu ser querido vaya en el instante en que diga que está interesado. Ese interés alcanzará su punto máximo, y si no aprovechas el momento, se desvanecerá. Por cada razón para buscar la sobriedad que consideres, tu ser querido tiene dos para evitarla. Cuando la balanza finalmente se incline a favor de que piense en el tratamiento, no puedes permitirte dejar que cambie otra vez en lo que buscas un programa adecuado.

Hay muchas opciones de tratamiento disponibles. Cada una tiene sus seguidores, pero no todas han demostrado surtir efectos consistentes. Describiremos las opciones de tratamiento más conocidas y te diremos lo que se sabe acerca de su efectividad. Ten en mente, sin embargo, que una vez que tu ser querido esté dispuesto a entrar en el tratamiento podrás modificar tu decisión para adaptarte a sus preferencias. Mientras haces tu selección, piensa acerca de lo que sabes de los gustos y estilo de tu bebedor.

El primer paso al explorar las opciones de tratamiento es entender la diferencia entre tratamiento y apoyo. Cuando hablamos de tratamiento nos referimos a un programa de intervención activo que toma de la mano a tu ser querido y le enseña cómo vencer al alcohol. Esto es diferente de los grupos de apoyo, que proveen ayuda e intervención en crisis pero que en la práctica individual no enseñan ni dan asistencia sobre nuevas conductas sin bebida. Aquí estamos hablando de habilidades específicas; un programa de tratamiento debe enseñar a la persona habilidades para lidiar con la bebida y reconstruir su vida. De preferencia, el programa también involucrará de manera activa a los seres queridos del bebedor, tal como le hemos tendido la mano al tuyo al ayudarte a través de este libro. Por lo tanto, cuando evalúes programas de tratamiento pregunta específicamente cómo pretenden enseñar a tu ser querido a vivir sin el alcohol o a manejarlo. Si no ofrecen estrategias específicas que claramente ataquen problemas de conducta, sigue buscando.

Cómo mantener sobrio a tu ser querido. Guía para ayudar a las personas que sufren adicciones, sin pelear, suplicar ni amenazar se basa en un modelo cuya efectividad está demostrada por diversos estudios. La descripción genérica del programa a través del que has trabajado es terapia cognitivo-conductual o de entrenamiento en habilidades. En nuestra clínica, el programa se denomina *Reforzamiento Comunitario y Entrenamiento Familiar* (RCEF) y proviene de un programa anterior denominado *Aproximación de Reforzamiento Comunitario* (ARC),[6] que trata directamente al bebedor. La ARC sigue siendo el tratamiento elegido en nuestra clínica y ha ayudado a muchos bebedores problemáticos a reemplazar el alcohol por un estilo de vida positivo.[7]

Puedes encontrar programas similares a la ARC y complementarios de lo que aquí has estado llevando a cabo en busca de tratamientos cuya denominación incluya

---

[6] Nota del traductor: *Community Reinforcement Approach* (CRA).
[7] Para una descripción detallada de la Aproximación de Reforzamiento Comunitario, véase R. J. Meyers y J. E. Smith (1995), *Clinical Guide to Alcohol Treatment. The Community Reinforcement Approach* (Guía clínica para el tratamiento del alcohol: la aproximación de reforzamiento comunitario), Nueva York: Guildford Press.

frases como "entrenamiento en habilidades sociales", "terapia conductual marital", "tratamiento cognitivo-conductual", "terapia emotiva racional", "tratamiento motivacional" o "terapia centrada en la solución". Es importante tener en mente que los diferentes centros y proveedores de tratamiento tendrán sus propios "giros", por así decirlo, de los modelos de tratamiento. Esto es, ofrecerán programas con diferente duración, diversas modalidades (individual, familiar, grupal) y probablemente usarán un lenguaje ligeramente distinto para describir lo que bien pueden ser los mismos tratamientos. Mientras investigas las diversas opciones en tu comunidad, recuerda que estás buscando un tratamiento para ayudar a tu ser querido a entender cuáles son los desencadenantes y refuerzos de su conducta perjudicial, mostrarle cuáles son los desencadenantes y refuerzos que pueden modificarse, y enseñarle cómo cambiar sus reacciones a aquellos que no pueden cambiarse.

Existen cientos de programas de tratamiento de dónde escoger, y está más allá del alcance de este libro siquiera comenzar a describir todos y cada uno. Sin embargo, baste decir que el programa que selecciones por lo menos debe centrarse en las tres habilidades recién enumeradas y también debe ser un lugar seguro para ti y tu ser querido. No te dé pena visitarlo, hacer preguntas, entrevistar a los proveedores y pedir servicios complementarios que el programa pueda ofrecer. Tú eres el "cliente" y tienes el derecho de asegurarte que estás seleccionando el mejor "producto" para ti y tu ser querido. Utiliza el directorio telefónico y busca centros de rehabilitación de adicciones o de salud mental. También investiga en el organismo local contra las adicciones.

Durante años se ha debatido mucho acerca de si el tratamiento funciona mejor con los pacientes internos o externos, aunque desde un punto de vista costo-beneficio no parece que la terapia con el paciente interno (considerablemente más cara que con el externo) aumente en los porcentajes de éxito (Miller y Hester, 1986). No obstante, debes explorar todas las opciones ya que no existe una sola que sea la mejor, y lo que funciona o no funciona para tu vecino puede funcionar o no para ti. Sin embargo, antes de que pongas todas tus ilusiones en cualquier establecimiento, consulta con tu seguro médico para verificar si lo cubre.

Los programas externos tienen variables muy considerables: además de los diferentes enfoques que puedan adoptar, tienen muchas maneras de estructurarlos. Pueden ofrecer sesiones individuales o grupales una vez a la semana, o sesiones vespertinas para ajustarse a los horarios de trabajo. Muchos programas también proveen tratamientos que requieren la presencia desde la mañana hasta las tres o el final de la tarde cada día. Otros más, externos, requieren que los pacientes asistan a grupos de autoayuda, como Alcohólicos Anónimos (AA), además de a la terapia, y algunos grupos externos utilizan como tratamiento el formato de los Doce Pasos. Lo primordial en todos los tratamientos es que no funcionan si el bebedor *no asiste y participa* lo suficiente como para que arrojen resultados.

Muchas personas encuentran que es benéfico recurrir, aparte de al programa activo de tratamiento, a un buen grupo de apoyo como AA y Narcóticos Anónimos (NA), para tu ser querido, y para ti, Al-Anon y Nar-Anon. De hecho, el apoyo social y la ayuda para organizar el tiempo que antes se empleaba en beber o drogarse son sumamente útiles para muchas personas.

Entrevistas con proveedores de tratamiento

Una vez que decidas cuál es la mejor propuesta para ti y tu bebedor, tómate el tiempo para entrevistar a unos cuantos proveedores de tratamiento que se adecuen a tu modelo ideal. Diversos terapeutas que usan la misma estrategia trabajarán de manera diferente con clientes diferentes. Pon al tanto a los terapeutas a quienes quieres entrevistar sobre lo que estás haciendo. La mayoría estarán dispuestos a reunirse contigo (a menudo sin costo alguno) para exponer sus métodos. El proveedor deberá estar dispuesto por lo menos a destinarte unos minutos en el teléfono para contestar tus preguntas acerca de su *modus operandi*.

Cuando entrevistes a los proveedores de tratamiento, pregunta cualquier cosa que te venga a la mente y no dejes de externar tus inquietudes. (De hecho, prepara por adelantado una lista de preguntas para que no se te pase nada). Un buen establecimiento (o terapeuta) no solo aceptará de buen grado tus preguntas sino que te ayudará a pensar en aquellas que te permitirán plantear otras cuestiones, si no estás seguro acerca de qué preguntar. El mayor interés del centro terapéutico es asegurarse de que todos los clientes entiendan qué ofrece y cómo funciona su programa.

Las preguntas más obvias que plantear incluyen las siguientes:

- ¿Cuánto cuesta el programa?

- ¿Lo cubre mi seguro?
- ¿Cuánto dura cada sesión?
- ¿Qué tan frecuentemente deberá asistir mi ser querido a las sesiones?

También querrás saber si el tratamiento se ofrece solo en grupos o si existen opciones de terapia individual, de pareja o familiar.

Si tu ser querido ha sido un bebedor empedernido durante mucho tiempo y muestra signos de dependencia física, tal vez necesite ingresar en un hospital o en un módulo de desintoxicación antes de empezar el tratamiento. Debes saber si el centro que brinda el tratamiento tiene acceso a este tipo de apoyo médico. Si no, pregunta cómo puedes combinarlo con la terapia psicológica.

A menudo la bebida oculta otros problemas, como depresión o ansiedad, que se manifiestan cuando un individuo deja de beber. Por lo tanto, es importante asegurarse de que el programa cuente con el personal adecuado para tratar problemas de salud mental. En algunos casos, el individuo requerirá medicamentos para ayudarlo a superar las difíciles fases de abstinencia y readaptación.

Pide al terapeuta que describa su filosofía y te dé una descripción detallada del tratamiento en sí. Nuestra recomendación, basada en la investigación científica, es que busques los tratamientos que estén comprendidos en las categorías de terapia conductual o terapia cognitivo-conductual, ya sea individual, de pareja o familiar. Si estás considerando otro método o acercamiento, o alguien quiere convencerte de algún otro, pide a esa persona que te dé publicaciones académicas que documenten sus resultados y apoyen el tratamiento. Investiga lo más que puedas antes de decidir.

También querrás saber cuáles son las aptitudes profesionales del terapeuta. ¿Es un orientador o mediador en alcoholismo titulado, o un psicoterapeuta profesional? De lo contrario, te recomendamos que busques en otro lugar. También debes investigar cuánto tiempo ha trabajado con bebedores problemáticos. No hay una medida ideal de experiencia que debas buscar, pero si no encuentras buena disposición a brindarte esta información, será una señal de que es necesario buscar en otro lado. En cuanto a la poca o mucha experiencia de los terapeutas, existen pros y contras. Más experiencia puede traducirse en gran efectividad, aunque los terapeutas recién graduados tienden a estar más actualizados en el área. Se trata de encontrar a alguien con quien te sientas seguro y en quien confíes.

Finalmente, pregunta al terapeuta cómo prevé tu participación en el programa. Si se sorprende con la pregunta, ese no es el terapeuta para ti. Necesitarás a alguien que trabaje con los dos (y con otros miembros de la familia, si es preciso) para cambiar no solo al bebedor sino también su entorno. Cambiar uno sin lo otro no es una fórmula para el éxito.

Ventanas de oportunidad

Con el tratamiento preparado para cuando tu ser querido indique que está dispuesto, ya puedes empezar a buscar esas ventanas de oportunidad. Así es: no te lances a casa a informarle a tu bebedor que ya encontraste un plan de tratamiento fabuloso. Si alguna vez has intentado esto, ya sabrás cuál es la probable reacción.

La mejor manera de evitar un rechazo y ampliar las probabilidades de que tu bebedor se abra a la idea del tratamiento es observar aquellos momentos en que su motivación está en el punto más alto; por ejemplo, cuando está especialmente indignado consigo mismo, o cuando ustedes dos se están llevando particularmente bien y él quiere complacerte. Tú lo conoces mejor, así que debes estar alerta a los momentos receptivos.

Debes planear cuidadosamente, como lo haces con los cambios para mejorar la manera en que te relacionas con tu bebedor, la forma de dar con las ventanas de oportunidad para que sugieras el tratamiento. Como dijimos, tú conoces mejor a tu bebedor, así que no podemos recomendarte en especial qué buscar. Sin embargo, podemos encauzar tus reflexiones al respecto con las preguntas de la actividad 22. Linda estaba gratamente sorprendida al darse cuenta de que en realidad eran varias las circunstancias en las cuales Ron aceptaría de buen grado la idea de la terapia. Lee sus respuestas en el ejemplo y luego redacta las tuyas en tu cuaderno.

Actividad 22. Abre esa ventana

1. ¿Cuándo estaría tu bebedor más dispuesto a intentar algo nuevo orientado al tratamiento? *Probablemente hacia el final de una de nuestras relajadas pláticas en la noche.*

2. ¿Hay un momento particular del día cuando él/ella está más relajado? *Tarde en la noche.*

3. ¿Tu ser querido estaría más abierto a discutir la posibilidad de un tratamiento cuando ambos están solos o con
alguien más? Si es con alguien más, ¿con quién? *Solos.*

4. ¿Tu bebedor se mostraría más abierto al tratamiento
tras algunos días de sobriedad o durante la resaca de
una gran borrachera? *Creo que cuando está con resaca.*

5. ¿Tu bebedor se abre más a tus sugerencias cuando
ambos no han peleado durante algunos días o cuando se están reconciliando de una pelea? *Cuando no hemos peleado durante algunos días.*

6 ¿Estaría dispuesto tu ser querido a entrar en tratamiento si fuera por su relación? (Esto sería lo que llamamos una *estrategia subrepticia:* hacerlo para mejorar
la relación y, casualmente, también para mejorar la
salud y la conducta del bebedor). *No creo que esto sea
pertinente.*

7. Revisa tus intentos previos para que tu ser querido
ingrese a tratamiento. ¿Qué funcionó? ¿Qué falló?
*Miles de veces traté de hablar con él de ello, discutimos, grita-
mos, nos ofendimos. Nada funcionó.*

Una vez que hayas identificado algunas situaciones
o estados de ánimo que consideres propicios para sugerir el tratamiento, imagínate varios escenarios. Trata de anticipar con tanto detalle como te sea posible
cómo será la puesta en escena, qué dirás y cómo podría
reaccionar tu bebedor. Asegúrate de preverlo todo, de
principio a fin. ¿Qué dirás si reacciona positivamente,
y qué dirás si lo hace con una negativa? En otras palabras, ¡planea, planea, planea!

Por ejemplo, quizá hayas notado que tu bebedor se siente realmente culpable después de haberse

violentado contigo, y piensas que este podría ser un buen momento para sugerir el tratamiento. La conversación podría ser un poco como sigue:

Bebedor:	No sabía lo que estaba haciendo. Lo siento mucho. ¿Cómo puedo remediarlo?
Tú:	De hecho, hay algo que puedes hacer. Sé que no querías lastimarme, pero lo hiciste. Tengo un terapeuta que puede ayudarnos a terminar con esto. En verdad quiero que vayamos juntos. ¿Estarías dispuesto a intentarlo?
Bebedor:	Sí, supongo que sí.
Tú:	Muchas gracias. Voy a llamar ahora mismo para hacer una cita.

Si el bebedor duda, una buena respuesta sería la siguiente:

Tú:	Vamos por lo menos un par de veces para ver si nos sirve. Si realmente no te gusta, podemos dejar de ir.
Bebedor:	Está bien, pero no te prometo nada.
Tú:	Eso está bien. De veras aprecio tu buena disposición para considerarlo. Me hace sentir bien.

El hecho es que si el tratamiento le desagrada, el bebedor lo dejará de cualquier forma, así que no tiene caso insistir. Tu ser querido controla dónde y cuándo hace qué, de modo que debes estar consciente de ese control. Pedirle a alguien que haga algo por lo general acaba con que quiera hacer precisamente lo contrario. En nuestra experiencia, hemos descubierto que una vez que el bebedor entra en tratamiento y el terapeuta disipa sus aprensiones, la persona acepta la ayuda. Lo difícil es que pase por la puerta la primera vez.

Es mejor no preguntar si tu ser querido quiere acudir por ayuda. Formula la propuesta con toda naturalidad, pero hazlo de una manera que sea estimulante, que evidencie que compartes la responsabilidad, y no autoritariamente. Ofrece el tratamiento como algo que mejorará su vida juntos, en lugar de algo que arreglará los "vicios" de tu ser querido. Aquí hay otro ejemplo.

Es sábado por la mañana y estás en casa con tu ser querido. A pesar de que bebió la noche anterior no tiene resaca y está de buen humor. Te ofreces a preparar su desayuno favorito y mantienes su buen ánimo mientras hablan de intereses comunes. Si continúa el buen humor de tu ser querido y sientes que es el momento oportuno, podrías tener esta conversación:

Tú:	Qué tranquilidad se respira esta mañana. Cómo la estoy disfrutando.
Bebedor:	Sí, está muy tranquila.
Tú:	Últimamente he estado pensando en algo. Siento que las cosas han mejorado entre tú y yo, pero quisiera que estuvieran aún mejor. Realmente te amo.
Bebedor:	Yo también te amo.
Tú:	He estado yendo con el terapeuta para que me ayude a solucionar algunas cosas. Creo que está funcionando.

Bebedor:	No sabía que estuvieras viendo a un terapeuta. ¿Qué pasa?
Tú:	Bueno, como de veras te amo, quiero hacer todo lo que pueda para que nuestra vida sea más feliz. ¿No te gustaría que nuestra vida juntos fuera más feliz?
Bebedor:	Espero que esto no vaya hacia donde creo. Todo va muy bien esta mañana. ¿No puedes dejar las cosas como están?
Tú:	Solo quiero que las cosas sean lo mejor posible. ¿Estarías dispuesto a venir conmigo solo una vez para conocer a mi terapeuta? Hazlo por nosotros.
Bebedor:	¿Es algún tipo de terapia matrimonial? No necesitamos esas estupideces, estamos bien.
Tú:	Pero podemos estar mejor.
Bebedor:	Lo pensaré. ¿Cambiamos ya de tema?
Tú:	Seguro. Podemos hablar de eso en otro momento.

En este ejemplo representamos cómo mantener la interacción positiva y evitar la confrontación. Recuerda: déjate llevar. No fuerces el tema si tu ser querido se resiste. Cuando se enfríen las cosas será más fácil traerlo a colación la próxima vez que se abra una ventana de oportunidad. Puede llevar varios intentos hasta que tu ser querido acepte la ayuda, pero si evitas pelear respecto del asunto podrás seguir planteando el tema hasta que tu ser querido lo acepte.

Incluso puedes arriesgarte un poco más, según sientas la situación: volverte más enérgico (sin llegar a la confrontación) conforme sientas que aminora su resistencia, o incrementar las recompensas que prometiste. También puedes disminuir lo que pides a tu bebedor, y pasar de "acompáñame a la terapia" a "ven a una sesión" o, simplemente, "habla con mi terapeuta por teléfono y averigua qué puede ofrecer". A algunos bebedores también los tienta conocer al terapeuta pues les han dicho que este ha escuchado mucho hablar sobre ellos y solo quiere conocerlos. No hay límite respecto de cuán creativo llegues a ser para que esa ventana de oportunidad se mantenga abierta y tientes a tu bebedor a que la atraviese.

Con el trabajo de muchos años con los clientes hemos descubierto algunas estrategias que funcionan bien con la mayoría de las personas. Sin embargo, como siempre, evalúa qué tan apropiada es cada una en tu situación. Solo las primeras dos sugerencias son aplicables a todos.

1. La seguridad es lo primero. Sin importar qué tan cuidadosamente hayas hecho los planes para intercalar tus sugerencias de tratamiento, abandónalos al instante si tu bebedor da muestras de ponerse violento. Cambia de tema, tranquilízalo, y no gastes saliva, sino hasta una mejor ocasión. *Habrá* una mejor ocasión, y el objetivo es que seas capaz de aprovecharla.

2. Cuida que el terapeuta y el programa que elegiste hagan que tu bebedor se sienta a gusto. Esto es, no le ofrezcas un terapeuta católico a un bebedor ateo, o sesiones de grupo a alguien que sufre de ansiedad social. Procura que cuadren bien la

terapia, el terapeuta y tu ser querido. Por otro lado, prepárate, y prepara a tu bebedor, para un arduo proceso. Como sabes, el cambio lo es. Sin embargo, ten en mente que aquí el objetivo es la felicidad, y la mayoría de las cosas que valen la pena tienen un costo.

3. Si estás en terapia, a veces ayuda hacérselo saber a tu bebedor e invitarlo a que te acompañe. Sin embargo, recuerda utilizar la comunicación PYEC y hacerle una invitación positiva. Podrías decir algo como: "He estado en terapia porque la estoy pasando mal, y sería maravilloso que también vinieras para ayudarme... A mi terapeuta le encantaría conocerte".

4. Otra opción, si estás en terapia, es dejar que tu terapeuta le llame a tu ser querido con una invitación para que asista a una sesión. También en este caso la invitación debe ser positiva, en tanto el objetivo del terapeuta es conocer a una persona importante en tu vida para entender mejor *tu* relación. Aún más: pídele a tu terapeuta que invite a tu bebedor tan solo a *una* sesión. Si esta marcha sobre ruedas y tu bebedor parece estar a gusto, entonces él le pedirá regresar a una segunda.

5. Si no estás en terapia puedes sacar a colación el tema al plantearle a tu bebedor si estaría dispuesto a hablar con un terapeuta si tú lo acompañas. En lugar de soltarle toda la carga al bebedor ("Necesitas tratamiento porque eres un borracho"), haz hincapié en tu compromiso en la relación y en tu disposición a hacer lo necesario para vivir juntos y felices ("Realmente quiero

ser un mejor compañero en este matrimonio, y me serviría si vinieras conmigo a hablar con un terapeuta"). Una vez que tu ser querido haya aceptado trabajar para mejorar su vida juntos, aplicarse al tema del alcohol será parte natural de ese proceso.

6. Si el bebedor se ha negado a ir a tratamiento pero sabe que estás en un programa, puedes darle una tarjeta con una cita expresa para él. Esto a veces tiene más peso que una invitación verbal. Si tu ser querido falta a la cita, siempre te queda la opción de discutirlo más tarde y, eventualmente, hacer otra.

7. Puedes mencionar que oíste acerca de un nuevo/efectivo/interesante programa e invitar a tu ser querido a que, sin compromiso, lo pruebe contigo.

8. Si tu ser querido se ha enfermado puedes decirle que te preocupa su salud y que por lo menos debería buscar ayuda para sus problemas físicos.

9. Al plantearle a tu ser querido que busque ayuda menciona aquello que más aprecia: que lo haga por su estabilidad laboral, los niños, su matrimonio, su vida sexual, su salud, etc. A menudo el incentivo decisivo para emprender el cambio es el miedo a perder lo que más se estima.

10. Si tu bebedor se resiste constantemente a la idea del tratamiento podrías intentar simplemente dialogar con él en torno de este. Es decir, en lugar de recomendárselo, pregúntale a tu ser querido en qué condiciones cree que es conveniente. Aunque quizá esta conversación no te lleve a

ningún lado, siquiera le dará a ambos una oportunidad para discutir con tranquilidad su situación actual y comparar qué tanto se asemejan o difieren sus percepciones, y todavía más importante, sabrás qué aspectos realmente estimulan a tu bebedor. Por ejemplo, él podría decir que en tanto su matrimonio sea tan unido como ahora no hay necesidad de hacer cambios, o pensar que su forma de beber en realidad no amarga mayormente a nadie. En una u otra situaciones será el momento de soltarle a tu ser querido, "PYECmente", la pura verdad.

Los clientes a menudo se preocupan porque al tener todo preparado según los hemos asesorado, se dan cuenta de que haber planeado de antemano el tratamiento pudiera hacer que sus bebedores se sientan manipulados. Esto es posible, por cierto. Sin embargo, recuerda que te estamos alentando a que desde el principio seas honesto con tu bebedor. Ya dejaste de fingir que la vida es admisible para ti tal y como ha sido hasta ahora. Ya le has dicho cuándo no estás dispuesto a arreglar sus desastres y en qué circunstancias disfrutas estar en su compañía. Quizá en algún momento del proceso también le has hecho saber a tu ser querido que estás en terapia y que tu crecimiento personal ayudará, asimismo, a que madure su relación. Dile que estás en tratamiento y tienes un terapeuta que te está ayudando a resolver algunos problemas. Entonces puedes pedirle que vaya contigo a la terapia, momento en el que tal vez tengas previsto que dejarás la sesión para que se convierta en su tratamiento, o durante esta quizá se sugiera que él tenga su "propio" terapeuta. En este escenario, sobran las alternativas. Si le ofreces ayuda en el mismo —amoroso— tenor en que has dado cada paso para asegurarte de que tu ser querido tenga opciones en caso de que quiera tomarlas, es poco probable que se sienta manipulado. Si reacciona con enojo, déjalo estar y dile que no era tu intención presionarlo, que tan solo estabas tratando de armar las opciones existentes por si quisiera aprovecharlas.

Cuando la ventana se cierra de golpe

Por más que hayas planeado con cuidado y esperado con toda paciencia que se abriera esa ventana de oportunidad, queda la posibilidad de que tu bebedor la cierre de golpe: todo va perfectamente, ambos tienen una buena racha, de manera amorosa y clara traes a colación el tema… y tu bebedor explota; o bien ya están en la sala de espera del consultorio de tu terapeuta y él se espanta y se sale estrepitosamente. ¿Qué haces? Fácil: las mismas cosas que hiciste para llegar hasta aquí. Le agradeces haberlo considerado, le recuerdas cuánto lo amas y disfrutas estar con él cuando está sobrio, planeas y esperas otra ventana de oportunidad. Se abrirá.

Lo hermoso de las ventanas (tanto las de oportunidad como aquellas que permiten que entre el aire fresco) es que pueden abrirse, cerrarse, abrirse, cerrarse y volver a abrirse. Si hace falta que des marcha atrás, no hay problema. El hecho de que la ventana se abriera, aunque fuera brevemente, significa que puede abrirse. Solo revisa tu estrategia para ver si puedes mejorar la oportunidad y aguarda el momento. La mayoría de las personas que utilizan este programa por lo menos consiguen que su bebedor pruebe el tratamiento. Recuerda que esto se asemeja mucho a un viaje por carretera. El cambio toma tiempo y la ruta serpentea a lo largo del camino. Llevar a tu bebedor al tratamiento a veces requiere repetidos intentos, pero puede lograrse.

Apoyar el tratamiento

Cuando tu ser querido entre en el tratamiento es importante que continúes practicando el nuevo estilo de interacción en el que has estado trabajando. De hecho, tu ayuda será más necesaria que nunca. Sabes por experiencia propia qué tan difícil es cambiar los viejos hábitos y qué tan fácil es desanimarse y ceder ante la presión de los viejos esquemas familiares. Ahora imagina qué tan difícil puede ser el cambio si se tiene el reto adicional de tratar de abandonar la droga (o las drogas), que afecta no solo la mente sino también el cuerpo. Es, en una palabra, apabullante.

Muchos bebedores han abandonado el tratamiento porque era muy cuesta arriba que cambiaran mientras su entorno continuaba siendo el mismo. En este punto has hecho estupendos cambios en el ámbito de tu bebedor. Es decisivo que continúes utilizando las recompensas, que apliques el estilo PYEC al comunicarte y que estés muy atento a los desencadenantes y modelos de conducta que llevan a la bebida, a las discusiones y demás situaciones difíciles. Desde este momento tu labor será continuar trabajando en mejorar la manera en que ambos interactúan y apoyar el tratamiento. No puedes tan solo mandar a tu bebedor para que lo "arreglen". Debes ser un apoyo activo y, si es necesario, un participante involucrado en el tratamiento.

Tu papel dependerá del tipo de programa en el que ingrese tu ser querido. Nuestra expectativa es que se involucre en un programa de tratamiento activo que se enfoque no solo en eliminar los problemas de la bebida, sino también en reemplazar el alcohol por otros modelos de conducta más saludables y fecundos. Si no están en terapia de pareja busca la aprobación de tu ser querido para hablar con su terapeuta. Pregunta cómo puedes ayudar. Mejor aún: pregúntale a tu ser querido cómo puedes ayudar. Puedes sorprenderte de los tipos de ayuda que un individuo pide y que nunca hubieras imaginado.

Dos de las maneras generalmente aceptadas de apoyar el tratamiento son quitarle los obstáculos para este y premiar a tu ser querido por haberse decidido. Facilítaselo asegurándote de que tienes solucionadas las necesidades de los niños, incluso que esté resuelta su transportación, que no haya actividades programadas que choquen con la terapia, y todo lo que se te pueda ocurrir para eliminar obstáculos. Recompensa a tu ser querido diciéndole que estás orgulloso, complacido, impresionado, deleitado, o entusiasmado con él, por la razón de que hace el esfuerzo. No te obsesiones en lo mal que estaban las cosas. Enfócate, en lugar de eso, en el cambio positivo y en tu prometedor futuro. Haz que el tratamiento sea lo más fácil posible.

Cuándo se requiere un profesional médico

En la mayoría de los casos, tu mejor apuesta para el tratamiento la constituye un trabajador de la salud mental titulado (psicólogo clínico, trabajador social clínico, orientador o mediador en adicciones profesional). Estas personas están entrenadas para ayudar al bebedor problemático a encontrar formas más saludables para hacerle frente a la vida. Sin embargo, hay casos en los cuales es recomendable la asistencia de un profesional médico, como un médico o un psiquiatra.

Si tu ser querido está bebiendo grandes cantidades de alcohol (más de cinco o seis copas al día durante varias semanas), podría necesitar desintoxicación médica, o farmacológica *(detox)*, para ayudarlo con el síndrome de abstinencia. Las experiencias previas son tu mejor guía; si tu ser querido ha padecido antes el síndrome de abstinencia al dejar el alcohol o las drogas, es probable que esta vez necesite desintoxicación médica. Por lo general, la desintoxicación médica toma de tres a cinco días y puede llevarse a cabo en un paciente externo o interno, según la gravedad del caso y los medios disponibles en tu comunidad. Durante la desintoxicación médica, personal especializado observará a tu ser querido y le suministrará medicamentos para ayudarlo a superar las alucinaciones, los temblores, las convulsiones y otros síntomas causados por la abstinencia, que pueden empezar a unas horas de la última copa. Sin embargo, ten cuidado puesto que la abstinencia psicológica es considerablemente más prolongada que la física. La psicoterapia es esencial para tratar el estrés emocional causado por abandonar el alcohol y para que el paciente se adapte a un nuevo estilo de vida. Superar la abstinencia física es solo el primer paso.

Otros casos en los que se requeriría un profesional médico serían la presencia de problemas hepáticos (los indicios de esto pueden ser el estómago distendido, tintes amarillentos en la piel y en los ojos y heridas que no cicatrizan), el uso de múltiples drogas o un historial de problemas emocionales o psiquiátricos que exigen medicación. Esta lista no es de ninguna manera definitiva. Si tienes alguna duda acerca del estado de salud de tu ser querido o de su capacidad para manejar el estrés por haber dejado el alcohol, consulta a un médico.

Ayuda para el resto de la familia

Casi seguramente otros miembros de la familia también han sido afectados de manera negativa por el alcohol, y es importante buscar terapia familiar o ayuda individual para cada uno de ellos. Al-Anon es un buen recurso para los familiares que necesitan el apoyo y la empatía de quienes han vivido, o viven, situaciones similares. La mayoría de las comunidades tienen varias oficinas de Al-Anon registradas en la guía telefónica.

Puesto para lo que venga

Por entusiasmado que estés cuando tu ser querido entre en el tratamiento, ten en mente lo difícil que le puede resultar el proceso. Una vez que se disipa la autosatisfacción inicial de haber dado este paso (posiblemente en unas horas o días), tu ser querido se topará con la realidad de romper con un entrañable y querido amigo. Le resultará agobiante y de seguro habrá ocasiones en que se desquite contigo: después de todo, fue *tu* descontento con la vida de tu bebedor lo que comenzó todo el proceso de cambio. Acepta esa responsabilidad (en secreto, congratúlate por el hecho) y mantén tu objetivo en mente. Puedes sobrellevar su resentimiento temporal en aras de alcanzar, finalmente, la vida que mereces. A condición de que te mantengas a salvo —todavía es muy pronto para que deseches tu plan de seguridad— y continúes utilizando todas las estrategias que has estado practicando, superarás todo esto. Y tu ser querido también.

Otra advertencia que debemos hacerte es que son más los bebedores que abandonan el tratamiento que quienes permanecen, por lo menos al principio, es decir, es muy común que las personas entren y salgan del tratamiento varias veces antes de que empiecen a hacer cambios perdurables. No te decepciones si tu ser querido entra en el tratamiento solo para abandonarlo al poco tiempo. Todos los cambios que has hecho tienen un peso en la fórmula del éxito y ni la deserción puede invalidarlos. Sigue trabajando para hacer tu vida más agradable y recompensar a tu ser querido por sus conductas sin alcohol. Continúa cuidándote y evitando que sea fácil para tu ser querido beber sin consecuencias. Quizá requiera intentarlo varias veces, pero hay buenas probabilidades de que a la larga tu ser querido regrese. Entretanto, no pierdas de vista, y disfruta, los cambios positivos que has logrado.

En algún momento tal vez llegues a la conclusión de que, en lo que a ti toca, has hecho todo lo posible y te las has visto negras en infinidad de ocasiones. Si tu bebedor no cambia, tendrás que decidir si cancelas la relación. En ese momento tal vez quieras usar esta decisión como un último intento para inducirlo al tratamiento diciéndole que lo abandonarás a menos que haga algunos cambios. Sin embargo, si haces eso asegúrate de que estás listo para cumplir tu amenaza. De otra manera, perderás credibilidad en el futuro. Las amenazas hechas a la ligera solo le dan más fuerza al bebedor.

Resumen de acciones

Como dijimos antes, en esta etapa la parte decisiva para capitalizar cuanto has logrado es que tengas preparado el tratamiento para que tu ser querido vaya en cuanto indique que está abierto a la idea: debes ser capaz de llevar a tu bebedor con un terapeuta dentro de las siguientes 24 a 48 horas de que lo haya aceptado. En nuestra experiencia, esto es lo máximo que la ventana durará abierta. De hecho, a los minutos de que tu ser querido haya dicho "Necesito tratamiento", la motivación puede escabullirse. Si piensas en ello como la ondulación de un ola verás cuán brevemente se levantan sus crestas. De la misma manera, no desperdicies un instante de ese momento, ten preparado, y a la espera de que él lo acoja, el programa de tratamiento. Mientras más pronto te encarames en la ola, más probablemente tu ser querido se dejará llevar al éxito.

Utiliza los mapas de la bebida que has hecho para entender cuándo tu bebedor está más dispuesto a aceptar el tratamiento, y presta atención a esas ventanas de oportunidad. Entonces, cuando la ventana se abra, usa tus habilidades de comunicación PYEC para que, de manera amorosa, pero firme, le hagas ver la opción del tratamiento. Hazlo con la expectativa de que tu ser querido aceptará, pero prepárate para contenerte si adviertes resistencia o enojo. No pierdas esa imagen de la ola, ten confianza, y aunque se haya alejado hacia el mar piensa que a la larga regresará a donde, en su espera, estarás expectante. Así como aprendes algo cada vez que resbalas de una tabla de *surf*, cuantas veces abordes el tema del tratamiento sin que medie una discusión te acercarás cada vez más al momento en que tu ser querido lo acepte e ingrese en él.

Recapitulando

- Busca programas de tratamiento cuya efectividad sea comprobable con un sólido apoyo empírico. Recomendamos aquellos que usan métodos descritos con frases como "conductual", "cognitivo-conductual" o "terapia de entrenamiento en habilidades", y que involucran a los seres queridos del bebedor en el intento de cambiar.
- Ten cabalmente preparado el tratamiento para tu ser querido para que acuda en su busca en el instante en que acepte probarlo.
- Utiliza tus mapas de camino para identificar las ventanas de oportunidad en las cuales puedas

sugerir el tratamiento con una probabilidad razonable de que tu ser querido sea receptivo a la idea.

Kathy y Jim: abriendo las ventanas

Las cosas iban bien una vez que Kathy tomó la costumbre de mapear la bebida de Jim y *calculó de antemano* cómo manejaría las diferentes situaciones. Aunque él todavía bebía en demasía, lo que seguía causando más de un problema, había más noches en las que Jim regresaba a casa derechito del trabajo y las pasaba con Kathy en sobriedad. Él también había empezado a invitar a Ted a comer pizza, y los sábados en la noche a los videojuegos, así como a pasar más tiempo de buena calidad con los dos niños más pequeños. Aparte de ello, Kathy había agendado una cita regular con su hermana los jueves en la noche, y Jim sabía que ella contaba con que él se quedara en casa para cuidar a los niños. Aunque no siempre llegaba a tiempo (entonces Kathy se llevaba a los niños a casa de su madre o de la vecina), asumía que esas noches se quedaba a cargo.

Definitivamente la vida había mejorado comparada con aquellos días en que Kathy sentía que no valía la pena vivir. Sin embargo, Jim no dejaba de beber, y aunque disfrutaba sus tardes con Ted y los jueves en la noche se hacía cargo de los niños, con frecuencia llegaba a casa en estado de ebriedad o destapaba una cerveza antes de salir con Ted. Cuando eso sucedía, Kathy no lo dejaba manejar si iba con el niño; Jim se enojaba y salía violentamente de casa a seguir bebiendo. No obstante,

Kathy sentía que finalmente tenía cierto control sobre su vida, y Jim había redescubierto algunos placeres en su familia, lo cual le facilitaba a ella motivarlo para permanecer sobrio.

Kathy hizo una lista de las veces que pensó que Jim aceptaría de buen grado someterse al tratamiento. Los sábados en la tarde que él se emborrachaba en lugar de invitar a salir a Ted, el domingo en la mañana se levantaba atormentado por el remordimiento. Se disculpaba una y otra vez, y por lo general, como reparación, se abstenía de beber todo el día. Kathy decidió que ese sería un buen momento para mencionar el tratamiento, como lo eran los viernes en la mañana, tras las noches de jueves cuando llegaba a la casa tarde y borracho para descubrir que los niños se habían ido a la casa de su suegra y una nota de Kathy en la que le decía que los pequeños estaban muy desilusionados.

Habiendo identificado estas ventanas de oportunidad, Kathy las esperó y se preparó. Encontró, no muy lejos de su casa, una buena terapeuta que estaba dispuesta a hacer malabares con su agenda y a anotar a Jim tan pronto dijera que sí. Esta mujer era una psicóloga clínica cognitivo-conductual que se enfocaba en ayudar a los alcohólicos a desarrollar las habilidades necesarias para alejarse del alcohol y reconstruir sus vidas. También insistía en que Kathy estuviera preparada para ser, junto con Jim, un miembro activo del equipo de terapia. Kathy estaba emocionada, y por lo pronto hizo un par de citas para ella sola, en parte para conocer a la terapeuta y en parte para ayudarse a mantener en alto su moral.

Cuando llegó el momento y Jim se disculpaba por haber arruinado un sábado más, Kathy le dijo: "Jim, sé que quieres que las cosas marchen bien para los niños y para nosotros. Yo también. De hecho, he estado viendo a esta maravillosa terapeuta que realmente me ha ayudado a manejar mis emociones. A ella le encantaría conocerte, y quizá la encuentres de provecho. Tengo una cita con ella mañana. En verdad puedes cambiar las cosas para nuestra familia si vienes conmigo y hablas con ella". Preparada para alejarse ante la mínima señal de enojo, Kathy quedó encantada cuando Jim le preguntó si era una "loquera" y si trataría de meterse con su cabeza. Feliz de satisfacer la curiosidad de Jim acerca de la psicóloga, Kathy le explicó cómo solo hablaban de algunas cosas. "La terapeuta —le dijo— me ayuda a entender cómo puedo llevarme mejor contigo, así como a controlar mis propias emociones para no perder los estribos y echar a perder todo". Kathy sabía que esto era precisamente por lo que Jim se había disculpado toda la mañana. Aceptó conocer a la terapeuta, y Kathy enseguida llamó al servicio de mensajes para informarle que irían a verla el lunes en la mañana a la hora acordada.

Kathy estaba tan emocionada, y Jim tan decidido a no actuar como "un loco", que el resto del día fue maravilloso. Él no bebió y Kathy se volcó en hacerle saber lo mucho que lo amaba y cuánto disfrutaba su compañía cuando estaba sobrio.

Capítulo 12

Prevenir la recaída

Carlene y Peter

Peter en verdad había disminuido un poco su consumo de bebida durante los contados meses desde que Carlene había aplicado tanto sus nuevas habilidades aprendidas como la comunicación PYEC. Incluso había asistido con regularidad a reuniones de Alcohólicos Anónimos (AA) y parecía sincero respecto de quitarse el vicio de la bebida. No obstante ello, cada tres o cuatro semanas tenía un día particularmente malo en el trabajo, o él y Carlene discutían sobre el dinero, y se ponía una borrachera. Carlene se debatía entre querer recompensarlo porque no bebía y sentirse traicionada por las veces que sí lo hacía; al margen de que las cosas estaban mejor, todavía se preocupaba mucho.

Ya estamos en el paso final. Esta debería ser la parte de "y vivieron felices para siempre", ¿verdad? No del todo: así fue con Blancanieves y el Príncipe Azul, pero el resto de nosotros vivimos en el mundo real, lo que significa que disfrutamos los buenos momentos, batallamos cuando la pasamos mal y, en general, avanzamos paso a paso.

La vida real está llena de altibajos, como bien sabes, y la diferencia entre los que se estancan en la hondonada y aquellos que no reside en la forma en que la *interpretan.* Por ejemplo, considera a alguien cuyo compañero abusa del alcohol y cuya vida se va en tener que superar esta problemática relación. Este individuo puede considerar la situación, juzgarla terrible e irremediable y renunciar a la posibilidad de tener alguna vez una vida mejor. O la persona puede considerar la situación, analizar los problemas que necesitan solucionarse y emplearse a fondo en desentrañar de qué manera los resolverá. (A estas alturas, el segundo ejemplo debería sonarte conocido). De hecho, los auténticos triunfadores en la vida van todavía más lejos al ver los problemas como *oportunidades.* Cada vez que algo sale mal o alguien echa todo a perder, tienes la oportunidad de aprender un poco más acerca de cómo funcionan las cosas o las personas al desmontarlas (las conductas, no a las personas) y deducir qué fue lo que causó el problema.

Las fallas

Todos cometemos errores. Ya sea que estés aprendiendo a caminar, tratando de adelgazar, corrigiendo la forma de comunicarte o intentando ya no abusar del alcohol, meterás la pata. Es algo inherente a estar vivo.

Cuando alguien trata de cambiar su conducta y mete la pata, llamamos al desacierto una *falla. Las fallas son una parte previsible en el proceso de cambio.* Ciertamente, pueden desquiciarlo a uno, como cuando encuentras a tu ser querido borracho después de tres semanas de abstinencia, o vuelves a caer en esa vieja, agresiva, manera de hablar. Sin embargo, la falla puede asumirse como una oportunidad o bien como una catástrofe: eso depende por completo de cómo la veas.

Cada vez que tú y tu ser querido hacen planes y esos planes fallan, ambos tienen la oportunidad de aprender un poco más acerca de ustedes mismos. Ese modo de actuar no ocurre en el vacío, de modo que si no seguiste el comportamiento previsto, sabes exactamente lo que provocó que te apartaras del camino. Toma el tiempo necesario para revisar la situación en la que sobrevino la falla y encuentra las causas. Por ejemplo, habías planeado una cena familiar en tu restaurante de comida china favorito, y tu hijo llega *hasta atrás*, luego de cinco semanas de abstinencia. A pesar de que esto se antoja como una Falla con efe mayúscula, tú y él pueden analizar qué sucedió antes de la cometida hoy y detectar, por decir algo, que tuvo problemas con la novia los días anteriores y que la depresión lo llevó a pensar acerca de lo injusta que es su vida y cómo realmente "necesita" sentirse mejor. Tal vez su mejor amigo estaba fuera de la ciudad y no tenía a nadie con quien hablar. Ambos podrían decidir que en futuras situaciones similares te llame, o a su asesor de AA, o a su tío preferido. Cualquiera que sea la estrategia que hayas ideado para afrontar las situaciones difíciles, lo importante es que el episodio de la bebida se vea no como una falla, sino como algo inherente al proceso de aprender cómo conducirse mejor. Concéntrate en las cinco semanas de sobriedad logradas y en los cambios positivos resultantes, es decir, no dejes que un solo día de bebida ensombrezca este cambio maravilloso que ambos han iniciado.

Ya sabes todo lo que necesitas para convertir las fallas en oportunidades de aprendizaje: cómo monitorear tu comportamiento, cómo mapear las interacciones, y también conoces la importancia de planear con antelación y entrenarte sobre la marcha. Todo lo que te queda por aprender, si es que aún no lo has hecho, es controlar tus reacciones emocionales ante las fallas lo suficiente como para que te sea posible poner en práctica tus habilidades analíticas.

Situaciones de alto riesgo

Te será más fácil evitar una reacción emocional exagerada ante una falla si la anticipas y te mantienes en guardia. Obviamente, no puedes saber de antemano cuáles serán las situaciones que provocarán que tú o tu ser querido vuelvan a caer en sus viejos hábitos, pero lo más seguro es que alcances a prever varias más de lo que imaginarías en un principio. Piensa acerca de los cambios que has hecho en tu forma de reaccionar a una borrachera de tu ser querido, y reflexiona acerca de las situaciones en las cuales te haya sido particularmente difícil mantenerte en tu nueva, mejorada, actitud. Estas últimas son, precisamente, las *situaciones de alto riesgo*, las que ponen en peligro tu decisión de no apartarte de tu nueva actitud. La actividad 23 te ayudará a prever tus situaciones de alto riesgo. Carlene descubrió que de hecho era muy fácil predecir qué tipo de circunstancias la sacudirían con mayor fuerza. Echa un vistazo a las respuestas que aparecen a continuación y luego redacta las tuyas en tu cuaderno.

Actividad 23. Identificar las situaciones de alto riesgo

1. ¿En qué estados de ánimo es más probable que falles? *Cuando estoy deprimida y siento lástima por mí misma. Casi en cualquier estado emocional negativo.*

2. ¿A qué hora del día estás menos segura de lograr mantener tu nueva forma de conducta? *Al final del día, al término del trabajo.*

3. ¿Qué lugares te resultan particularmente difíciles? *No se me ocurre ninguno.*

4. ¿Hay alguna persona cuya presencia te dificulte mantener tu nueva, mejorada, actitud? *Cuando los niños corretean por toda la casa mientras trato de hablar con Peter.*

5. ¿Hay algunos días entre semana, o del fin de semana, que sean particularmente difíciles? *No se me ocurre ninguno.*

6. ¿Qué situaciones más probablemente te harían perder el control? *Sin lugar a dudas, cuando él llega borracho a la casa, por supuesto habiendo manejado en ese estado.*

7. ¿Qué estados de ánimo de tu ser querido te hacen especialmente más difícil permanecer controlada? *Cuando él está borracho.*

8. ¿Qué frases o tonos de voz de tu ser querido te prenden? *Su forma de hablar con gruñidos y su voz de borracho.*

9. ¿Qué conductas de tu ser querido te hacen explotar? *Que beba y maneje.*

10. ¿Hay veces que te sientes físicamente mal y te es difícil mantener la calma (por ejemplo, cuando tienes dolor de cabeza, estás enfermo o, si eres mujer, cuando estás en tu periodo premenstrual)? *No es mi caso.*

Hay tantas situaciones de riesgo potenciales como individuos. Más aún: habiendo reconocido aquellas que son de alto riesgo para ti hoy, no significa que no aparecerán nuevas la semana próxima. (Afortunadamente, con el tiempo las viejas también acabarán por perder su fuerza). Para mantener todo bajo control, debes preguntarte continuamente: "*¿qué* me lleva a fallar?, *¿quién* casi seguramente provocará una falla?, *¿dónde* más probablemente puedo perder el control?, *¿qué* pensamientos y sentimientos provocan los problemas?*". Ten en mente que quizá tu bebedor no sea quien te lleva a fallar. Si estás hecho polvo por el trabajo, o con los nervios crispados a causa de los niños o la familia, podrías estar muy cansado o estresado como para lidiar de manera efectiva con tu bebedor. Prevé también este tipo de situaciones de alto riesgo. Como son parte de tu vida, asegúrate de no ignorarlas.

Puedes observar eso al analizar con detenimiento todos los estados de ánimo, momentos, comportamientos, etc., que puedan provocar una falla, y así estar en posibilidad de identificar varias situaciones de alto riesgo. Ahora puedes prepararte para enfrentarlas. Hazlo empleando la misma estrategia de mapeo que utilizaste para analizar la conducta de tu bebedor (Capítulo 2).

Carlene determinó que la principal causa de que ella fallara era que Peter manejara borracho a la casa; así pues, identificó esa situación de alto riesgo primero y de manera destacada. Se veía algo así.

Peter llega tarde a la casa, así que sé que va a aparecer borracho. → Mentalmente reviso mis planes nuevos y mejorados para manejar esta situación. → Por fin hace acto de presencia y comienzo con el discurso PYEC que planeé, pero él suelta un gruñido y avienta las llaves del auto sobre la cómoda al tiempo que entra con violencia en la habitación. → Me siento incontrolablemente enojada y me abruma el rencor. → Pienso acerca de lo ingrato que es él y qué poco le importamos los niños y yo no solo por emborracharse de esta manera sino por manejar nuestro auto en ese estado. Pudo haberlo estrellado (¡¿a qué nos llevaría eso?!) y matarse o ir a parar en la cárcel. → Exploto y le digo cuán imbécil es.

Aunque sé que estoy bien y él está mal, y que merece sentirse tan mal o peor de lo que yo me siento, también sé que hacérselo ver nunca ha ayudado, y lo más probable es que tampoco ayude ahora. Así pues, necesito un plan de acción para manejar esta situación. Examinaré cada paso de este plan fallido y fijaré una nueva ruta con todos los pasos que pueda. Mientras más rutas alternas incorpore en ella, será más fácil salir de este camino escarpado, aunque no tome el primero o incluso el segundo retornos. **(Las bifurcaciones por las que optó Carlene están impresas en negritas).**

Peter llega tarde a la casa, así que sé que va a aparecer borracho. → Mentalmente reviso mis planes nuevos y mejorados para manejar esta situación, **hago una lista de los cambios positivos en los que estoy trabajando y comparo la satisfacción que me producirá regañarlo con la que tendré al verlo cambiar.** → Por fin hace acto de presencia y comienzo con el discurso PYEC que planeé, pero él suelta un gruñido y avienta las llaves del auto sobre la cómoda al tiempo que entra con violencia en la habitación. → Me siento incontrolablemente enojada y me abruma el rencor, **así que respiro profundamente, voy al baño, donde me encierro con llave, y me tomo unos momentos para recordarme a mí misma lo que estoy tratando de lograr, y que de seguro un reclamo no nos llevará más que a repetir esta escena una y otra vez.** → Pienso acerca de lo ingrato que es él y qué poco le importamos los niños y yo no solo por emborracharse de esta manera sino por manejar nuestro auto en ese estado. Pudo haberlo estrellado (¡¿a qué nos llevaría eso?!) y matarse o ir a parar a la cárcel. **Me recuerdo a mí misma que el alcohol altera el cerebro de una persona, y que aunque él sea responsable de beber, la conducta que implica la bebida es resultado del alcohol: Peter no busca de manera deliberada hacer nuestra vida miserable. También tengo presente mi objetivo final: que esté sobrio, no solo demostrar esta noche que estoy en lo cierto.** → **En lugar de** "explotar y decirle cuán imbécil es", **salgo del baño y le digo: "Sé lo difícil que te resulta controlar tu forma de beber, y sabes cuánto me alarma que bebas y manejes. En este momento tal vez lo mejor sea que nos vayamos a acostar. Sin embargo, en la mañana, en verdad quiero hablar de esto. Te amo. Buenas noches".**

Una vez que Carlene completó su nuevo mapa, dos o tres veces al día se tomaba unos momentos para

imaginarse viviendo la situación justo como la describió. No solo recorría mentalmente cada paso, sino en
verdad trataba de experimentar los sentimientos que
describía. Imaginaba a Peter soltándole su más ren-
coroso gruñido y salir pisoteándola. Sintió una olea-
da de cólera y odio, y entonces se imaginó a sí misma respirando profundamente en lugar de explotar,
yendo al baño para calmarse y pensar, y todo lo demás. Esto puede parecer tomarse un tremendo trabajo
solo en beneficio de un idiota bebedor, pero recuerda:
este es el hombre a quien Carlene ama, y cree que todavía es posible que ambos tengan una buena vida en común si solo vencen el problema de la bebida. Así pues,
el esfuerzo vale la pena; al final, la paciente y amorosa
reacción de Carlene hacia el mejor gruñido de Peter borracho, inclinará la balanza a favor de este, y lo dejará
sintiéndose culpable y deseoso de hablar acerca del tratamiento en la mañana. A veces de las peores situaciones surgen las mayores oportunidades.

Ataques sorpresa

Por más preparado que estés para las situaciones de
alto riesgo que has previsto, algunos acontecimientos
te tomarán por sorpresa. Así es. Si bien es imposible
que predigas cada detonador de este tipo de circunstancias, puedes aprovechar cada momento inesperado
y así aumentar tu arsenal. En cuanto las aguas vuelvan
a su cauce, pesca tu cuaderno y describe la situación
completa, desde el principio hasta el final, como si
fueras un detective en busca de la mínima pista para

resolver un importante misterio. Escribe todo lo que sucedió, incluidos los actores, el escenario, lo que todo el mundo dijo e hizo, cómo te sentiste, qué te dijiste a ti mismo, el estado de ánimo de tu ser querido: todo. Entonces ordénala en la secuencia en que ocurrió y busca los puntos que pudiste haber manejado de manera diferente y describe cómo. Esto se convierte en tu nuevo plan para la situación. Por lo tanto, incluso la peor y la más dolorosa de las situaciones será sorpresiva solo una vez. Ya estarás preparado para la próxima ocasión que suceda.

Fallas del bebedor

El mismo enfoque que aplicas a tus fallas es apropiado para tu ser querido cuando falla en los planes de tratamiento. Lo que esperamos es que cualquiera que sea el tratamiento por el cual ambos opten incluya un método razonable de hacerle frente a las fallas y las solucione. A menos de que tu ser querido sea de otro planeta, puedes apostar a que ocurrirán fallas. Podrá permanecer sobrio un rato, y después emborracharse o tomar religiosamente Antabuse (un medicamento que causa enfermedad si se toma con alcohol) durante un tiempo, y después detenerse. Las fallas consistirían, por ejemplo, en que se salte las sesiones de tratamiento, o deje que su mal genio estalle violentamente; tú mejor que nadie estás en posición de predecir qué escenarios pueden presentarse.

Será de gran ayuda para tu bebedor si sus fallas no se convierten en verdaderos episodios de bebida (recaídas); ¿cómo?, manteniendo respecto de sus fallas la misma, provechosa, actitud con que haces frente a las tuyas. Por más difícil que sea, puedes ayudar a tu ser querido a examinar con sensatez cada falla y descubrir los detonadores que deben manejarse de mejor manera. Desde luego, por tu cuenta podrás analizar sus fallas, buscando lo que pudiste haber hecho para prevenirlas o reducirlas al mínimo. Ten presente que si bien no eres la causa del problema, tienes la habilidad para ser parte de la solución.

Si ambos están trabajando con un buen terapeuta cognitivo-conductual, a ti y a tu ser querido no les faltará apoyo para tratar de manera provechosa las fallas. Todo el mundo sabe que el camino hacia la sobriedad no es fácil, y aprender cómo sortear los escollos es una parte esencial de la terapia. Si tu bebedor ha optado por no entrar en tratamiento y decide superar el problema solo con tu ayuda, necesitarás ser particularmente fuerte para mantener el rumbo positivo respecto del asunto. Será especialmente importante para ti que cuentes con un buen sistema de apoyo. Así que si todavía no has establecido uno, date prisa.

¿Y si él/ella deserta?

La gente suele abandonar los tratamientos. En particular, los bebedores desertan de los tratamientos. Ayuda a tu ser querido a entrar en el tratamiento con la esperanza de que permanecerá el tiempo suficiente como para "diplomarse", pero si lo deja, no te sorprendas ni te apabulles. Desertar no significa que se acabó el camino, sino que en la carretera tomaste unas cuantas salidas que te rezagaron pero, en definitiva, sigues en él.

Todos los cambios que has realizado a la fecha siguen ahí: has mejorado tu calidad de vida al ampliar tu círculo de amistades, has incrementado las recompensas en tus interacciones y te has liberado de los nocivos hábitos de encubrir y arreglar. Incluso has conseguido el mayor de los triunfos: que tu bebedor admita que el tratamiento es lo más conveniente. Al haberlo hecho una vez, puedes hacerlo nuevamente. Todo lo que hiciste en esta ocasión funcionará una más (con las rectificaciones basadas en la experiencia). No hay duda de ello. La única duda que queda es si quieres continuar. Piensa con cuidado antes de resolverla: a veces tu estómago te dirá que dejes todo porque estás muy cansado y desilusionado, pero no estás *realmente* listo para rendirte con tu ser querido. En ciertos casos, en verdad será momento de dejarlo todo.

Permanecer motivado

La motivación crece y disminuye alternativamente. Una serie de sucesos confluye para motivarte a hacer cambios —sientes que puedes escalar cualquier montaña—, y entonces otra sucesión de acontecimientos te hace sentir que incluso un solo paso más es demasiado. A veces la motivación se acaba porque el trabajo es muy duro y los resultados escasos.

Los cambios que ya has hecho solo son el principio de un proceso largo y continuo, que en ocasiones es excitante y estimulante, y en algunas otras desalentador.

Puede ser especialmente complicado mantenerse motivado cuando sientes que eres quien hace todo el trabajo y tu bebedor no ayuda en lo más mínimo. Cuando empiezas a pensar así, es fácil desinflarse. Sin embargo, hay cosas que puedes hacer para ayudarte a mantenerte motivado.

No pierdas de vista el objetivo

Cuando esos seres intrépidos que escalan montañas muy elevadas y coronadas de nieve bregan en medio del hielo y el frío, se mantienen motivados y con vida gracias a que tienen puesto un ojo en aquella alta cima y otro en los pormenores o detalles para permanecer con vida y seguir ascendiendo. Estás consciente de lo que esperas lograr con todo este trabajo y ya has decidido que vale la pena realizarlo. Todos los días (cada hora, si es necesario) recuérdate a ti mismo a dónde quieres llegar. Revisa las notas que hiciste en las actividades anteriores y dedica un poco de tiempo a soñar. No pierdas de vista tu objetivo: eso hará que se sienta un poco menos duro el esfuerzo por avanzar.

No pierdas de vista los detalles

Puede que pase mucho tiempo antes de que tu vida alcance a parecerse a la de tu objetivo. Sin embargo, cada día, con los pequeños cambios que haces, te acercas a ese sueño. Sigue monitoreando tus planes, intentos y logros y prémiate a ti mismo por cada esfuerzo. Esos son los detalles que forjan el éxito. ¡Todos son importantes!

Sopesa tu inversión

Cuando estés harto y sientas que te vas a dar por vencido, date un minuto para revisar cuánto has puesto en esta relación. Cuanto tiempo, energía y amor hayas invertido, tarde o temprano producirán un buen resultado. Lo cual demanda tiempo y, normalmente, que no dejes de hacer aportaciones. Si te retiras antes de tiempo puedes no solo quedarte sin posibilidad alguna de lograr tus metas sino también de perder la inversión que ya has hecho. Siempre y cuando tus objetivos tengan un gran significado para ti, la inversión no será tan gravosa.

Sal adelante con un poco de ayuda de tus amigos

No olvides que cuentas con gente que puede ayudar. Esos amigos en quienes has confiado pueden ofrecerte extraordinario apoyo, desde interpretar o representar papeles contigo, darte palabras de aliento, hasta solo compartir tranquilamente una taza de café; los amigos pueden darte la paz, el cuidado y la protección necesarios para que te reanimes y tu motivación vuelva a alcanzar su punto más alto. No te sabotees a ti mismo al dar por hecho que nadie quiere apoyarte. A la mayoría de las personas les da mucho gusto poder ayudar a los demás, así que piensa en tu petición de socorro como algo bello que estás haciendo por un amigo: le estás dando la oportunidad de que haga algo con lo que se sentirá realmente bien.

Apóyate en tu comunidad

Si necesitas más ayuda de la que puede ofrecerte tu círculo de amistades, dale un vistazo a los grupos de apoyo para las personas en tu situación que hay en tu comunidad. Casi todas las localidades en cada país tienen reuniones de grupos de los Doce Pasos a las que puedes asistir para compartir tu pesar con otros que también soportan cargas similares. Llamar a organizaciones religiosas locales, la YMCA,[8] el centro local de veteranos o clínicas comunitarias eventualmente te llevará a descubrir grupos que sean de tu interés y de ayuda durante este periodo. Como lo hemos señalado repetidamente, no estás solo. Abusar del alcohol casi se ha convertido en pasatiempo nacional, así que hay muchos otros en la misma situación: amando a un bebedor y queriendo sacarle más jugo a la vida. Esas personas pueden ser una gran fuente de comprensión, apoyo y motivación.

Cuándo desistir

Todos los que aprenden las *Alternativas* ganan. Tú, ya sea viendo a tu ser querido liberado del alcohol o sintiéndote satisfecho contigo mismo porque has hecho todo lo posible y tienes el derecho de vivir la existencia que elegiste. La gran pregunta, por supuesto, es: ¿en qué momento decides que ya hiciste cuanto te fue posible? Para ayudarte a decidir, contesta las siguientes preguntas:

---

[8] Nota del traductor: *Young Men's Christian Association* (Asociación Cristiana de Jóvenes).

- ¿He mapeado las situaciones problemáticas lo más consistentemente que he podido y planeado conductas más efectivas, no agresivas, para mí mismo?
- ¿He practicado el estilo PYEC de comunicación?
- ¿He monitoreado cómo han ido mis planes y los he ajustado con base en las experiencias?
- ¿Ya no actúo como el cuidador de mi ser querido y lo he dejado que experimente las verdaderas consecuencias de la bebida?
- ¿He recompensado a mi ser querido por las conductas sin alcohol y he hecho que le sea lo más disfrutable posible estar sobrio conmigo y/o con la familia?
- ¿He incorporado a mi vida actividades placenteras para no estar totalmente absorto en los problemas de bebida?
- ¿He entendido cuándo se abren las ventanas de oportunidad más adecuadas para sugerir el tratamiento, y he planeado cómo aprovecharlas?
- ¿He conseguido una alternativa de tratamiento razonable y la he puesto a disposición de mi ser querido?
- ¿Hay algo que he pensado que podría ayudar y he querido hacer, pero no lo he hecho?
- ¿Veo un porvenir atractivo con esta persona?
- Una vez que me recupere de haber perdido a mi ser querido, ¿el futuro sin él me daría mayor paz y felicidad que con él?

Al responder estas peguntas ten en mente esto: *Mereces ser feliz.* Nadie ha obtenido la felicidad a base de sufrimiento. Cuando ya hiciste todo lo posible por mejorar la vida con tu bebedor y nada ha mejorado, tal vez sea el momento de que te plantees la vida sin él. Estamos conscientes del dolor que conlleva pensar en dar por perdida esta relación que has tratado de conservar con tanto trabajo, pero también sabemos el dolor que conlleva darte cabezazos constantemente contra la pared. Lo hemos observado con mucha frecuencia. Cuando has hecho todo lo posible debes agradecértelo y pensar por completo en ti mismo y en cualquier otro miembro de la familia del que seas responsable. Todos ustedes merecen una vida sin miedo, sin enojo y sin alcohol. Esa vida, con tu bebedor o sin él, te pertenece. Tu decisión será la correcta.

Resumen de acciones

Mientras avanzas, recuerda que el camino que recorremos es cambiante. A veces llano, en ocasiones lleno de baches (fallas). Mantener el rumbo depende de tu disposición para sortear cada uno de los obstáculos. Son parte natural de este proceso y, de hecho, pueden hacerte más fuerte en la medida en que los aproveches para entender qué salió mal y qué salió bien. El camino hacia tu objetivo final, la vida que quieres tener con tu ser querido, es un sinuoso proceso, viable en muchos casos. Y cuando resulta muy difícil alcanzar dicho objetivo, puedes doblar en otra vía con la tranquilidad de que has hecho cuanto has podido para mantener la relación. En cualquier caso, puedes plantearte una vida, con o sin tu bebedor, que te haga sentir bien contigo mismo. Te lo mereces.

Recapitulando

- Las fallas o errores son inherentes a la vida. Por lo tanto, es de preverse que surgirán en cualquier proceso de cambio.
- Las situaciones de alto riesgo son aquellas circunstancias en las cuales es más probable que haya fallas.
- Al analizar las circunstancias en las cuales ocurren las fallas y los nuevos medios para manejarlas y solucionar problemas, puedes incluso aprovechar los ciclos de fallas frecuentes para fortalecer tu habilidad para avanzar hacia tus objetivos.

Kathy y Jim: pensando en el futuro

Kathy estaba más nerviosa de lo que pudo haberse imaginado cuando fue con Jim a ver a la psicóloga. Temía que la doctora hiciera enojar a Jim si le exigía demasiado, o que él llegara en una de esas actitudes de "que todo se vaya al diablo". Para cuando llegaron a la oficina, Kathy secaba sus manos sudorosas en los pantalones. "¿Qué te pasa?", quiso saber Jim. Kathy respondió que como deseaba tanto que las cosas funcionaran para los dos, estaba muy nerviosa con esa visita. No quería perturbarlo, le dijo. Jim acarició su mano y le recordó que, si no le gustaba, él sabía que no regresaría, lo cual no sería cosa del otro mundo.

La visita consistió en que la psicóloga interrogó a Jim sobre su relación con Kathy y acerca de qué le gustaba y disgustaba de la forma en que vivían. También le preguntó si alguna vez se preocupaba por su manera de beber y cómo imaginaba su vida si bebiera menos. Al principio, Jim se resistía a hablar, pero luego se animó y en serio se puso a tratar de averiguar algunas cosas con la terapeuta. Al final de la sesión, estuvo de acuerdo en regresar la siguiente semana para continuar ayudando en "la terapia de Kathy".

Esa noche, en casa, cuando Jim y Kathy regresaron del trabajo, ella le agradeció nuevamente por haber ido y le dijo cuánto significaba para ella que hubiera tomado parte. Jim se sintió muy bien con la situación; hacía mucho tiempo que no sentía que podía contribuir a la felicidad de Kathy. Ella estaba eufórica: sabía que el camino por andar todavía tenía muchos baches, pero también que, finalmente, iban por el camino correcto.

Referencias

Ellis, B. H., I. McCan, G. Price y C. M. Sewell, 1992, "The New Mexico treatment outcome study: evaluating the utility of existing information systems" (Los resultados del estudio sobre el tratamiento en Nuevo México: evaluando la utilidad de los sistemas de información existentes), en *Journal of Health Care for the Poor and Underserved* 3, núm. 1, pp. 138-50.

Johnson, V. E., 1986, *Intervention: how to help those who don't want help* (La intervención: cómo ayudar a aquellos que no quieren ayuda), Minneapolis: Johnson Institute.

Meyers, R. J. y J. E. Smith, 1995, *Clinical guide to alcohol treatment: the community reinforcement approach* (Guía clínica para el tratamiento del alcohol: la aproximación de reforzamiento comunitario), Nueva York: Guildford Press.

Meyers, R. J., W. R. Miller, D. E. Hill y J. S. Tonigan, 1999, "Community Reinforcement and Family Training (CRAFT): engaging unmotivated drug users in treatment" (Reforzamiento Comunitario y Entrenamiento Familiar (RCEF): comprometer a los consumidores de drogas desmotivados a entrar en tratamiento), en *Journal of Substance Abuse* 10, núm. 3, pp. 291-308.

Meyers, R. J., W. R. Miller, J. E. Smith y J. S. Tonigan, 2002, "A randomized trial of two methods for engaging treatment-refusing drug users through concerned significant others" (Un ensayo aleatorio sobre dos métodos para comprometer a entrar en tratamiento a los consumidores de drogas que lo rechazan a través de seres queridos preocupados [SQP]), en *Journal of Consulting and Clinical Psychologist* 70, núm. 5, pp. 1182-1185.

Miller, W. R. y R. K. Hester, 1986, "Inpatient alcoholism treatment: who benefits?"(Tratamiento contra el alcoholismo en pacientes hospitalizados: ¿quién se beneficia?), en *American Psychology* 41, pp. 794-805.

Miller, W. R., R. J. Meyers y J. S. Tonigan, 1999, "Engaging the unmotivated in treatment for alcohol problems: a comparison of three intervention strategies" (Comprometer a quien no está motivado a entrar en tratamiento por problemas de alcohol: comparación de tres estrategias de intervención), en *Journal of Consulting and Clinical Psychology* 67, núm. 5, pp. 688-697.

Nowinski, J. K., 1998, *Family recovery and substance abuse: a Twelve-Step guide for treatment* (Recuperación familiar y abuso de sustancias: una guía de los Doce Pasos para el tratamiento), Thousand Oaks: Sage.

Índice analítico

Acerca de los autores

El doctor **Robert J. Meyers** es profesor investigador de psicología de la Universidad de Nuevo México y director adjunto del Life Link Training Institute en Santa Fe, Nuevo México (Estados Unidos). El doctor Meyers ha trabajado en el campo de las adicciones durante más de 37 años y ha publicado varios libros y docenas de artículos. Es reconocido tanto por su carismática forma de enseñar como por sus talleres acerca de una variedad de temas. Es uno de los fundadores de la Estrategia de Refuerzo Comunitario (ERC), tratamiento para pacientes externos, y del programa de Reforzamiento Comunitario y Entrenamiento Familiar (RCEF).

La doctora **Brenda L. Wolfe** es psicóloga clínica. Además de atender su concurrida consulta privada, la doctora Wolfe participa en investigaciones académicas en la Universidad de Nuevo México, asesora empresas para el desarrollo de servicios de atención psicológica y es miembro de varias organizaciones profesionales. Sus libros y artículos se han publicado en ediciones académicas y de divulgación.